武威匾额述略

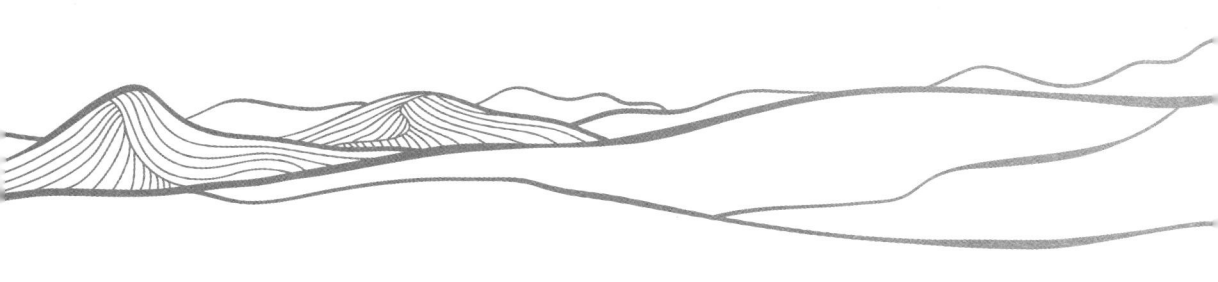

宋晓琴　杨琴琴　著

读者出版社

图书在版编目（CIP）数据

武威匾额述略 / 宋晓琴，杨琴琴著. -- 兰州：读者出版社，2023.10
 ISBN 978-7-5527-0779-3

Ⅰ. ①武… Ⅱ. ①宋… ②杨… Ⅲ. ①牌匾—文化研究—武威 Ⅳ. ①K875.44

中国国家版本馆CIP数据核字（2023）第231023号

武威匾额述略

宋晓琴　杨琴琴　著

责任编辑	漆晓勤
装帧设计	雷们起

出版发行	读者出版社
地　　址	兰州市城关区读者大道568号（730030）
邮　　箱	readerpress@163.com
电　　话	0931-2131529（编辑部）　0931-2131507（发行部）
印　　刷	甘肃发展印刷公司
规　　格	开本 787毫米×1092毫米　1/16 印张 14.5　插页 2　字数 234千
版　　次	2023年10月第1版 2023年10月第1次印刷
书　　号	ISBN 978-7-5527-0779-3
定　　价	58.00元

如发现印装质量问题，影响阅读，请与出版社联系调换。

本书所有内容经作者同意授权，并许可使用。
未经同意，不得以任何形式复制。

《凉州文化丛书》(第一辑)编撰委员会

主　任：李兴文

副主任：董积生　张国才

委　员：刘玉顺　魏学宏　席晓喆　郝　珍　李元辉

主　编：魏学宏　张国才

副主编：席晓喆

编　委：(以姓氏笔画为序)

　　　　王丹宇　刘茂伟　刘徽翰　许振明　杨　波　杨琴琴

　　　　吴旭辉　宋文姬　宋晓琴　张长宝　张博文　郑　苗

　　　　赵大泰　贾海鹏　柴多茂　海　敬　寇文静

总　序

　　武威，古称凉州，是国家历史文化名城、中国优秀旅游城市、中国旅游标志之都，历史文化底蕴深厚。早在五千多年前，凉州先民就在这里生活繁衍，创造了马家窑、齐家、沙井等璀璨夺目的史前文化；先秦时期，这里是位列九州之一的雍州属地，也是华夏文明与域外文化交流的重要通道；两汉、魏晋南北朝、隋唐、西夏等时期，是凉州文化形成与发展的几个重要阶段；明清时期，文风兴盛，是凉州文化发展的黄金阶段。在历史的长河中，以武威为中心形成的凉州文化，在中国文化发展史上留下了辉煌灿烂的绚丽篇章，形成了厚重的文化积淀和多彩的文化形态，并在今天仍然有深远影响。中国社会科学院古代史研究所所长、研究员卜宪群先生谈到："广义的凉州文化指整个河西地区的文化，凉州文化的研究可将武威及其周边的文化辐射区包括在内。""凉州文化在中国历史上占有重要地位，为中华文化的多样性做出了贡献，也为统一的多民族国家形成做出了贡献。"

　　"关乎人文，以化成天下。"高质量经济发展离不开高质量文化建设。习近平总书记指出，要大力挖掘、传承、保护、弘扬传统文化，揭示蕴含其中的文化精神、文化胸怀，坚定文化自信。凉州文化是中华优秀传统文化的重要组成部分，以其特色鲜明、内涵博大而熠熠生辉，在当前文化强省建设中发挥着重要作用。凉州文化之于武威，是绵延悠长、活灵活现的一种文化形态，是推动武威不断发展的力量源泉。武威市凉州文化研究院在文化研究工作中，始终正确把握传承和创新的关系，深入挖掘优秀传统文化，结出了累累硕果。我多次去武威考察，与当地领导和专家学者交流较多，深感武威市各界对凉州文化的无比自豪和高度重视。为推动历史文化推陈出新、古为今用，以文塑旅、以旅彰文，加快文化旅游名市建设，武威市专门成立了武威市凉州文化研究院，给予编制、经费等方面的大力支持。武威市凉州文化研究院起点高、视野宽，以挖掘、开发、研究、提升为重点，制定了长远翔实的研究计划，开展了一系列卓有成效的学术交流工作。如与中国社会科学院古代史研究所深度合作，举办高层次的学术研讨会，深入挖掘凉州文化的价值，取得了诸多学术成果；与浙江大学、兰州大学、西北师范大学、甘肃省社会科学院等高校和科研机构合作，从多方面研究和传播凉州文化，持续扩大凉州文化的学术影响力，社会反响热烈。

近日，武威市凉州文化研究院的张国才院长给我寄来《凉州文化丛书》（第一辑）的书稿，委托我为这套丛书作序。出于他及其同事们精益求精、一丝不苟的治学精神和对弘扬凉州文化的深厚情怀和满腔热情，我便欣然应允，借此机会谈一些自己阅读书稿的体会。

一是丛书的覆盖面广。《凉州文化丛书》（第一辑）选取武威具有代表性的特色文化，从不同角度阐释凉州文化的丰富内涵和独特魅力。《武威地名的历史传承与文化内涵演变》通过研究分析武威地名形成的自然环境、制约因素、内在规律、文化成因等，考证其背后的历史文化，讲述地名故事，总结武威地名的历史变迁、命名规律等，对促进武威地名文化遗产保护，推动武威地名文化深入研究，进一步提高武威地名文化品位，彰显凉州文化魅力，具有积极的作用。《古诗词中的凉州》选取历代诗人题写的有关凉州的边塞气象、长城烽烟、田园风情、驼铃远去、古台夕阳等诗歌，用历史文化散文的形式解读古诗词中古代凉州的政治、经济、军事、历史、文化等，把厚重浩繁、博大精深的咏凉诗词转化为一篇篇喜闻乐见、通俗易懂、轻松活泼的文史散文，展现诗词背后辉煌灿烂的凉州文化。《汉代武威的历史文化》既有汉代武威地区的自然地理、行政建制、军事防御、物质生活、精神生活、社会发展，也有出土的代表性简牍的介绍及价值评说。借助历代典籍和近现代学者的相关研究，力求还原客观真实的武威汉代历史文化。在论述时，尽量采取历史典籍和出土文物、文献相结合的方式，深入挖掘武威出土文物背后的故事。《武威长城两千年》聚焦域内汉、明长城遗存，从自然地理、生态环境、军事战略、区域文化等方面进行了解读，既有文献史料的梳理举隅，也有田野调查的数据罗列，同时结合国家文化公园建设，就武威长城精神、长城文化遗产保护利用等作了阐释，对更好挖掘长城文化价值、讲好长城故事、推动长城文化资源"双创"有所裨益。《武威吐谷浑文化的历史书写》在收集、整理吐谷浑历史资料和最新研究成果的基础上，以吐谷浑的来源、迁徙及其政权建立、兴衰和灭亡为主要脉络，探讨吐谷浑在历史上与武威有关的内地政权的关系，进而研究吐谷浑的政权经略、文化影响及历史作用，重点突出，视野宏阔，这种研究对于铸牢中华民族共同体意识是十分必要的。《清代凉州府儒学教育研究》以清代凉州府的儒学教育为研究对象，既有对凉州府儒学教育及进士的概括性研究，也有对凉州府进士个体的研究，点面结合，"既见森林，又见树木"，使读者获得更为丰满的凉州府进士形象。通过一个个活灵活现的人物形象，更加生动具体地揭示了当时儒学教育的样貌。《武威匾额述略》主要从匾额的缘起流变、分类制作入手，并对武威匾额进行整理研究，全面分析了武威匾额的艺术赏析、价值功能，生动诠释了武威深厚的历史文化内涵及其蕴含在匾额中的凉州文化，是我们走进武威、打开武威历史的一把重要钥匙。《清代学人笔下的河西走廊》选取陈庭学、洪亮吉、张澍、徐松、林则徐、梁份等十位学人，通过钩沉其传记、年谱、文集、诗集等相关史料，在前人研究的基础上，重点反映清代河西走廊的地理、历史、人文、民俗等，展示了一幅河西走廊多民族交往交流交融的历史画卷。《河西历代人口变迁与影响》对河西历代人口数量等方面进行考察，阐述历史时期河西人口与政治、经济之间的动态关系。《河西生态变迁与生态文化演进》以河西地区生态变迁较为突出的汉、唐、明清时期为主要脉络，采用地理学、考古学、历史学、生态学等学科相结合的研究方法，对河西地区历史时期的生态变迁、生态文化演进做了全面的研究。阅读这十本书，既能感受到博大厚重的凉州文化，又能体会到凉州文化的包容性、多样性的特征。

二是丛书的学术价值高。《凉州文化丛书》（第一辑）各位作者在前期通过辛勤的考察调研，搜集了大量的资料，然后根据实际需要开展研究性撰写，既吸收了前人的研究成果，又融入了自己的观点，既体现了历史文化的严谨准确，又对其进行创新性、前瞻性解读，思考的角度也有所不同，研究的方法也有新的突破。此外，丛书中的每一本书都由武威市凉州文化研究院与甘肃省社会科学院的研究者合作完成，在专业、学术、研究、视野、资料搜集等方面具有互补性，在撰写的过程中互相探讨交流，无形之中提高了丛书的质量。因此整套丛书无论从研究深度，还是学术价值，都比以往研究成果有新的提高。有些书稿甚至让人眼前一亮、耳目一新，颇有不忍释卷之感。

三是丛书的可读性强。《凉州文化丛书》（第一辑）注重学术性和资料性，兼顾通俗性和可读性，图文并茂。在进行深度挖掘、系统整理的基础上，又对文化展开解读，符合当下社会各界的文化需求，既方便专业研究人员查阅借鉴，也能让普通读者也喜欢读、读得懂，对于普及武威历史、凉州文化，提高全社会的文化自信等，具有重要的作用和意义。

编一套丛书，实不易也。武威市凉州文化研究院以初创时的一张白纸绘蓝图，近几年已编撰出版各类图书二十多本种，每一种都凝聚着凉州文化研究工作者的心血和汗水。几载光阴，他们完成了资料的整理研究，向着更为丰富、更加系统的板块化研究方向迈进，这又是多么可喜的一步。这十本书，正是该院与甘肃省社会科学院紧密合作，组织双方研究人员共同"探宝"凉州文化的有益之举。幸哉，文史研究工作，本为枯燥乏味之事，诸位却在清冷中品出了甘甜，从寂寞中悟出了真谛，有把冷板凳坐热的劲头，实为治学之精神，人生之追求。

《凉州文化丛书》（第一辑）是武威市凉州文化研究院的阶段性成果，集中展示了武威市凉州文化研究院学术研究成果，值得庆贺！希望武威市凉州文化研究院以此为契机，积极吸收最新的学术研究成果，从西北史、中国史、丝绸之路文明史的大视野来审视凉州文化，多出成果，多出精品，为凉州文化的传承发展做出更大的贡献。

是为序。

田　澍

2023年8月31日于兰州黄河之滨

田澍，西北师范大学副校长、教授、博士生导师，中国历史研究院田澍工作室首席专家，《兰州通史》总主编。

序

匾额者，古建筑之灵魂及眼睛也。起于先秦、春秋战国，兴于唐宋，盛于明清，至民国仍风行。故凡有古建筑处，无处不匾，无门不匾。俗云：堂不设匾，犹人无眼也。足见匾之重要性及鲜明的功用性。其匾内容，或昭示地域，或明志自省，或彰显族望，或歌功颂德，或标明理道，或招福纳祥，或教化启迪，或修身养性，或壮志酬世，或探幽展景，包罗万象而又寓意深远。故于传统文化系列中，角色重要，风雅兼及。又因制作工艺及书法特色，以门匾为饰，村匾为景，城匾为胜，较具内涵，成为喧嚣中的清音与尺方间的美妙，历来受人仰视。

"凉州七里十万家"，其匾额亦为盛景之一。或城门，或宅第，或寺庙，或牌坊，传达信息者明，感恩上苍者诚，彰显祖德者昭，寄托理想者远，可谓家家匾辉，户户字香，墨韵诗情文意，历史的幽深处，匾额自得风流，让人目不暇接而神往慨叹。

匾额藏文化，没有一处是随便挂的。

凡繁胜必会败落，建筑格局之改观，匾额成为时代之余绪，虽偶有悬置，而风光不再。故而抢救、整理、保护、传承，大有其现实意义和研究价值。

我初识匾额的作用及缘由，始于在《武威日报》工作时。一日，朱子云先生带着一复印稿来找我，说其整理了武威城区原有门额，能否在《武威日报》刊载。老先生是认真人，在复印稿上做了大量的补正，遂请示领导，专设栏目推出，反响甚好。这些匾额，或鲜为人知，或业已消失，每每睹之，便会生发思古之幽情。遥想当年"五凉京华"胜景，叹之惋之惜之，更向往之。于是遍访遗老及知情者，从匾额的背后找寻武威古典文化之脉络，竟也收获甚丰。我非专家、学者，只是以读者的身份来探求其背后的故事，用文学的方式来转换表达，以期让更多人所喜闻乐见。

武威市凉州文化研究院成立后，以整理、挖掘、传承、研究为己任，做了大量行之有效的工作，成效颇丰。对武威匾额之研究，亦安排专人着手，从系统性、传承性、功用性、全面性、知识性来解读，取得了阶段性成果，使武威匾额文化得以保存和呈现，让人们能更好地了解武威文化的丰富性和独特性，其功莫大焉。

甘肃省社会科学院的宋晓琴与武威市凉州文化研究院的杨琴琴便担负了这一重任。

"二琴"，宋晓琴为 80 后，杨琴琴为 90 后。其著述亦丰。俩人同心协力，深入武威匾额的整理、研究之中，耗时经年，终有大成，为了解武威匾额文化提供了文本，为研究武威匾额文化提供了翔实的资料，亦为弘扬武威匾额文化做出了自己的努力。

武威匾额文化洋洋大观，人们大多熟知列入《中华名匾》中的"聚精扬纪""书城不夜"，而对其他知之不多。通过此书，武威匾额的身形便走向了前台。其倩影自亮，武威文化的深层丰富性便落落大方地展现于世。

因热爱而生根，因执着而发芽，因持守而见得花开。春华秋实，人们往往在看到花的惊艳时而忽略了守种者的付出。而根性的研究，每每值得人正视或感佩。

保护不是为了复古，传承不是为了热闹。再辉煌的历史必须落在活生生的现实之中，才能发挥更大的作用。凉州区文化馆制作的武威名匾石刻工艺品，亦风行一时，亦为传承弘扬匾额文化提供了途径。宋晓琴、杨琴琴在文中，亦提出了有关保护、传承的见解，这也是她们思考的可贵之处。

历史留给我们丰厚的遗产，是历史特定的阶段所富有的。武威匾额有其固有的价值和生命力，在文旅融合方兴未艾的今天，武威匾额以其自身的魅力会越发彰显出它的现实性和需要性。一块"书城不夜"的匾额，足以使武威书香拂拂。只有武威，才配享此种盛誉。百匾拱文，读此书，匾额会永恒地绽放风采，而编著者的付出，也会更好地为人熟知。

李学辉

2023 年秋月

　　李学辉，甘肃武威人，中国作协会员，甘肃省作协副主席，甘肃小说八骏之一。

前　言

　　匾额被称为"古建筑的灵魂",是中华民族特有的文化遗产,也是中华优秀传统文化的重要载体。匾额的历史十分悠久,部分学者认为起源于商周时期周文王建台礼天时的"灵台",也有部分学者认为匾额起源于汉代。匾额作为中华民族独有的文化标志和符号,承载着十分博大精深的精神内涵,从出现之初作为建筑标志到唐宋之后承载人文特征,在展现手工技艺和书法文辞的同时,反映了特定区域深厚的民风民俗,运用寥寥数语生动形象地表达人文精神和建筑风格,将中国语言文字的运用发挥到了极致。匾额集文学、书法、雕刻、篆印、装饰于一体,广泛地渗透于社会生活的多个层面,具有强烈的艺术感染力和极高的学术价值。

　　武威匾额以其凝练的文字、精湛的书法、深邃的寓意、华丽的装饰向世人展示其深厚的文化底蕴和无穷魅力。清代以来,河西地区文教之风日渐兴盛,自上而下都十分重视文化教育,涌现出了许多著名书院,如张掖的甘泉书院、天山书院;武威的成章书院(后改为天梯书院)、北溟书院,民勤的苏山书院;永昌的丽泽书院、云川书院;敦煌的鸣沙书院等,书院这一教育机构的出现,为河西地区仁人志士读书、学习、切磋学问提供了良好的场所。当时的凉州府,儒学之风极为鼎盛,乾隆前期镇番县(今甘肃民勤)就出现了"文社寒暑不辍,书声昼夜相闻,故向来科目甲于河右,五郡聿号既分,尤屡破藩篱,而士气趋文,不古若"的文教事业繁荣景象。这一时期涌现出了一大批学人、书画名家,一时间人文荟萃、英才辈出,留存下来了众多书文俱佳、雕饰精美的匾额佳作。

　　素有"陇右学宫之冠"的武威文庙,因机缘巧合,于文昌宫桂籍殿下及牌坊集中保存了 52 块匾额。这些匾额虽历经数百年历史但依旧保存完好，其年代上起康熙五十七年（1718 年），下至民国二十八年（1939 年），其数量和艺术价值不仅居于西北之首，而且在国内也极为少见，堪称文庙一绝。除此之外，武威凉州区及古浪县、民勤县、天祝县等均保存有部分古匾遗迹。这些保存下来的匾额，生动地诠释了武威深厚的历史文化内涵及其蕴含在匾额中的凉州文化，是走进武威、打开武威历史的一把重要钥匙。

武威现存的匾额形式多样、内容丰富，大多匾额着色艳丽，配有浮雕或镂空的边框，整体制作精致、意蕴深厚。武威文庙匾额的书法均出自地方官吏、知名学者、书法名士等名家之手，遒劲有力、潇洒飘逸的书法艺术，加之匾文用典绝妙、语言凝练、寓意深刻、立意深远，使得这些匾额件件堪称佳作，具有十分重要的文物和艺术价值。

本书作为《凉州文化丛书》其中一册，围绕武威匾额文化展开。在该书体例设计上，除了坚持一以贯之的历史唯物史观外，还充分考虑武威现存匾额的实际情况，主要从六个方面入手进行解读。第一章为匾额简述，主要介绍了匾额的起源、流变、分类及制作等基本内容。第二章为武威匾额整理，首先考释了对武威历史发展具有重要影响意义的匾额研究，从元代的"大元故路"、明代的"凉庄保障"石匾到武威古城楼的匾额，从历史发展背景入手，深入阐释匾额的历史意义。其次通过对历史上重要的匾额进行解读，还原武威历史发展的丰富脉络。最后对武威文庙匾额进行概述，通过将武威文庙现存的 52 块匾额进行详细释读，对匾额外在的形制、纹饰、颜色、字体等内容进行详细分析解读，进一步还原武威文庙匾额的历史意义。第三章为武威匾额与凉州文化，首先介绍匾额与建筑文化，选取武威各地极具代表性的重要民居建筑中的匾额文化，详细解读了李铭汉故居匾额、牛鉴故居匾额、张兆衡府第匾额、贾坛故居匾额、民勤瑞安堡匾额，深入阐释了古建筑中匾额的重要作用，进一步展现了我国优秀传统文化的特色魅力。其次介绍匾额与宗教文化，选取了武威极具代表性的大云寺、海藏寺、雷台观、鸠摩罗什寺、民勤圣容寺等寺庙中所悬挂的匾额进行深入研究解读。最后为匾额与民俗文化，主要介绍了古浪大靖财神阁、下双大庙、山陕会馆、张清古槐寺等地的现存匾额，全面分析了其中蕴含的文化内涵和深远影响。第四章为武威匾额的艺术解析，该章主要从语言艺术、书法艺术、纹饰艺术、色彩艺术四个方面对武威现存匾额进行了艺术赏析。首先从语言艺术入手，通过对匾额语言的点题、教育、励志、表彰以及商业意味等进行详细阐述研究，全面分析了匾额的艺术内涵。其次从书法艺术的角度，对武威匾额常见的书体进行详细分析介绍。再者从纹饰纹样方面对武威匾额进行整体分析研究。最后，对武威匾额中的色彩美学价值进行阐述研究。第五章为武威匾额的价值和功能，该章主要从管窥地方历史、教化思想道德、提升审美体验三方面深入解读其价值内涵。第六章为武威匾额的保护、传承和利用，首先介绍了目前武威匾额保存的现状，其次针对武威匾额的保存现状，提出了下一步开展保护传承利用的意见建议。

　　本书作为一本了解武威匾额文化的书籍，主要采用文献收集和实地考察等方法，从文物学、历史学、艺术学、建筑学等多个学科角度对武威匾额进行了分析和释读。书中探讨了匾额的文化特征、艺术特征和价值内涵，也对匾额的保护、传承和利用提出了一些建议和认识。希望通过本书，使更多读者能够了解和欣赏武威匾额文化的独特魅力，加强匾额文化的保护和传承，建立完善的保护传承体系，使匾额文化在新时代中国特色社会主义文化建设中发扬光大。

目 录

第一章　匾额简述
第一节　匾额的起源及流变　/　3
第二节　匾额的分类及制作　/　8

第二章　武威匾额整理研究
第一节　武威历代匾额考究　/　23
第二节　武威匾额历史中的重要印记　/　35
第三节　武威文庙匾额概述　/　37

第三章　武威匾额与凉州文化
第一节　匾额与建筑文化　/　111
第二节　匾额与宗教文化　/　124
第三节　匾额与民俗文化　/　148

第四章　武威匾额的艺术解析
第一节　语言艺术　/　159
第二节　书法艺术　/　167

第三节　纹饰艺术　/　171

第四节　色彩艺术　/　180

第五章　武威匾额的价值与功能

第一节　管窥地方历史　/　185

第二节　教化思想道德　/　189

第三节　提升审美体验　/　193

第六章　武威匾额的保护、传承与利用

第一节　武威匾额的保护　/　197

第二节　武威匾额的传承利用　/　198

后　记　/　205

总后记　/　207

第一章 匾额简述

有人说"匾额的故事是历史的再现，匾额的文化是文学的精华，匾额的书法是众体的缩影，匾额的记载是文明的见证"，的确如此。匾额是两千多年来我国劳动人民群体智慧之光的折射，是中国传统文化中饱含着丰富精神内涵的历史物证，是融文学、诗词、书法、雕刻、篆刻、政治、历史、风俗、礼仪等多种文化表现形式于一身的综合艺术品，是一项具有极高文化价值、历史价值、文物价值、学术价值、研究价值、艺术价值和社会价值的宝贵文化遗产。通过匾额的文字，我们能够真实地了解当时的历史面貌、时代精神、社会风尚，了解在那个历史背景下人们的生产、生活情况。因此，匾额是一本刻在木板上的历史典籍，是佐证历史、充实族谱和方志的重要组成部分之一。它为研究一个时期的文化、一个地方的民俗、一个民族的发展提供了实物例证。正所谓"以匾研史，可以佐证；以匾学书，可得笔髓"。

第一节　匾额的起源及流变

一、匾额的定义和异称

（一）匾额的定义

匾额，又称牌匾，指挂在门、墙或厅堂、亭榭上的题字横牌。据《说文解字》的解释，古代的匾额起到标记和署名的作用，也用于书写门户的记录。匾额通常用来标识建筑物或表示赞扬，形状为长方形，横挂在门楣与檐顶之间。因此，凡是在门额或室内的牌匾上用大字题写的都可以称为匾额。匾额是中国一种独特的历史文物，它与楹联、碑刻关系密切、相得益彰。匾额的产生大大地早于楹联，但到楹联产生后，匾额又被用作楹联的横批或者是楹联的点题。如今匾额与楹联的结合已成为我国优秀传统文化的一个重要分支，备受人们的推崇与喜爱。

（二）匾额的异称

匾额的异称有扁、白榜、扁榜、扁额、扁式、牌面、牌匾、牌额、榜额等。

扁：东汉许慎《说文解字》："扁，署也，从户册。户册者，署门户之文也。"又见《后汉书·百官志》："三老掌教化。凡有孝子顺孙，贞女义妇，让财救患，及学士为民法式者，皆扁表其门，以兴善行。"[①]

白榜：唐代杜甫《白盐山》："白榜千家邑，清秋万估船。"

扁榜：南宋陆游《今上皇帝赐包道成御书崇道庵额》："于是皇帝闻而异之，

---

①《后汉书》志二十八，中华书局1965年版，第3624页。

故有扁榜之赐。"①

扁额：南宋岳珂《桯史·刘蕴古》："初，吴山有伍员祠，瞰阛阓，都人敬事之。有富民捐赀为扁额，金碧甚侈。"

扁式：清代李渔《奈何天·巧怖》："有二位雅人在此，为何不命一个斋名，题一个匾式？"又见清代王萃元《星周纪事》："予家感公厚德，即恭送'明察秋毫'匾式，嗣于沪城克复后，悬之公馆。"②

牌面：《金瓶梅词话》第四十八回："周围种松柏，两边叠的坡峰，清明日上坟，要更换锦衣牌面。""坟上新安的牌面，大书'锦衣武略将军西门氏先茔'。"③

牌匾：《说岳全传》第二十八回："（牛皋）却认得牌匾上四个旧金字，是'寒山古寺'。"

牌额：南宋陈善《扪虱新话》卷一："前世牌额，必先挂而后书，碑石必先立而后刻。魏凌云台至高，韦诞书榜，即日皓首，此先挂之验也。"

榜额：北宋彭乘《墨客挥犀》卷三："钟弱翁所至，好贬剥榜额，字画必除去之，出新意自立名。"清代纪昀《阅微草堂笔记·滦阳消夏录六》："一夕，梦到一公廨，榜额曰'文仪'。"

总之，匾额产生之初的主要用意在于"旌别淑慝，表厥宅里，彰善瘅恶，树之风声"（《尚书·周书·毕命》）。古人用匾额来表彰，从而达到树立良好风尚、稳定社会秩序、维护统治的目的。

二、匾额起源与流变

对匾额的记载和研究，古今皆有之。虽然我们对匾额具体的起源时间尚无

---

① 张春林编：《陆游全集》，中国文史出版社1999年版，第1324页。
② 杨芳编著：《古匾集粹》，福建美术出版社2012年版，第19页。
③ 蔡国梁：《金瓶梅社会风俗》，百花文艺出版社2003年版，第145页。

法准确地考证，但从古籍记载中，我们可以顺其脉络，理清其出现、发展、演变的进程，使我们对匾额的历史有一个相对清晰的认识。

匾额起源于何时，尚无准确的历史记载，各种资料中也是众说纷纭。清代训诂学家段玉裁的《说文解字注》中认为，最早出现的匾额是汉高祖六年（前201年）萧何题写的"苍龙""白虎"两关之匾额。

但实际上在汉代之前类似的建筑就已存在，当时亦有类似的标识也顺理成章。《尚书》载商纣王曾建鹿台、巨桥以储藏钱粮。《尚书·武成》有"散鹿台之财，发巨桥之粟"，孔颖达疏"鹿台，其大三里，其高千尺"，服虔注"巨桥，仓名"，可见鹿台、巨桥二者都是建筑的专有名称。据《逸周书》记载，周初营建洛阳城时就有"五宫：大庙、宗宫、考宫、路寝、明堂"，紧接着还描述了这些建筑的细节："咸有四阿、反坫、重亢、重郎、常累、复格、藻棁、设移、旅楹、春常、画旅、内阶玄阶、堤唐山廧。应门库台玄阃。"这些详细的建筑装饰我们暂且不去理会，如此大规模且工艺繁复的宫殿群，其中必定会有文字一类的牌匾标识，否则岂不如同进入迷宫。

到春秋时期，建筑物的名称见于记载的更为丰富。以《左传》所记载的鲁国城门名称为例，文献所见的鲁国城门至少有"上东门"（定公八年）、"鹿门"（襄公二十三年）、"稷门"（庄公三十二年）、"雩门"（庄公十年）等不同的城门。这些城门不以特定的方位称谓，料想定有对应的匾额指示。最明显的一则资料出自《左传》杜预注："鲁城南门也。本名稷门，僖公更高大之，今犹不与诸门同，改名高门也。"（僖公二十年）杜预这段注文的根据可能是父老相传，也可能是两汉经师的故训，但可以确定的是这次将"稷门"改名为"高门"的背后，肯定伴随着门上标识物的改变，否则城中百姓如何周知城门名称的变更？也就是说，在先秦时期，出于区别的需要，肯定已经出现了具有标识作用的"题署"，只是当时还没有专名，更未形诸文字记载。

总而言之，先秦时期向人们宣示文告的"扁书"和为标识区别的"题署"在秦汉时期相互结合，形成了后来匾额的雏形。可惜的是，今天我们在考古资料中尚未发现直接与先秦匾额相关的资料。目前所见最早与匾额类似的实物当出自汉代，出土资料中与汉代匾额直接相关者有两个。一是汉陶井上的"东井""灭［戒］火"题署。东井灭火陶井出土有多种，现藏于河北省文物考古研究院。长24.8厘米，宽17.5厘米，正面有一人形塑像，左右两侧分别为"东井"和"戒火"（一说为"灭火"）篆书题署，可能表示汉代曾有专门用于灭火的消防井。二是内蒙古和林格尔新店子乡汉墓壁画中的"莫府门"等题署。[1] 在和林格尔汉墓甬道北壁的榜题有"莫府门"字样，在前室西壁甬道北侧下方有"护乌桓校尉莫府谷仓"榜题。前室北壁右下方有榜题"莫府大郎"字样，其中的"莫"今作"幕"，"郎"今作"廊"。

两汉魏晋时期有关于匾额题写的史料记载。《太平广记》中有这样一段记载："韦诞：魏韦诞，字仲将，京兆人……诸书并善，题署尤精。明帝凌云台初成，令仲将题榜，高下异好，宜就点正之，因危惧，以戒子孙，无为大字楷法……初，青龙中，洛阳许邺三都，宫观始就，诏令仲将大为题署，以为永制。"而同样在《太平广记》中写道："孝武帝改治宫室及庙诸门，并欲使王献之隶草书题榜，献之固辞。"这两段记载，反映了在两汉魏晋时期，王公贵族开始热衷于在宫殿城楼之上题写匾额，而且十分重视匾文的书法，具请当时的书法大家来题写。

唐代颜真卿在《乞御书放生池碑额表》一文中，讨论了碑额题写书法的要点，可见无论是朝廷还是书法家，对匾文书法已愈加重视。

匾额在宋代的发展达到了一个高峰，从其丰富的史料资源中便可窥见其一二。

《邵氏闻见录》记载宋代皇帝对门额题字的内容非常关注，甚至要厘清一字之差。皇帝尚且如此，下面的官员乃至百姓更是会争相效仿。匾额作为给建筑物命名的功能，已经不仅停留在单单起一个名字而已，而是开始对题字的内

---

[1] 内蒙古自治区文物考古研究所编：《和林格尔汉墓壁画》，文物出版社2007年版。

容字斟句酌了。①

从《桯史》的记载中，我们可以看到，在当时民间赠匾留名已不是奇事，有钱之人，更是已造金匾。相对木匾而言，金匾能更长久地保存，以达到留名青史之功效。匾额的质地在发生变化的同时，也产生了多样的功能。

宋代，我们发现作为匾额最大的功能之一，就是使用较广泛的商匾，已经发展完备。古代文献的记录也逐渐从趣闻逸事、民俗风物转向专业性的论述。

宋代匾额得到如此程度的发展，一方面得益于文化艺术的高度发达，另一方面得益于经济的迅速发展。这使得匾额从庙堂到民间都相当普遍，其功能也从标志雄伟的建筑物开始走向多样化，文献的记载也随之丰富起来。

明清时期，匾额已经是相当的盛行，形制已经十分完备，从斋堂雅号到官府门第，从修身立志到旌表贺颂，匾额已经影响到人们生活的方方面面。而对匾额的记载除了李渔的《闲情偶寄》中有专门论述联匾，在各地方志以及中央政府的钦定则例中都不同程度地出现了关于匾额的记载。匾额又演化成为礼仪规范承载者的功能。

综上所述，匾额经历了从秦汉的初步形成，宋代的发展完善，到明清的丰富鼎盛。在漫长的历史发展中，尽管匾额承载的社会功能、表达的文化内涵经历了从单一到多样，从简单到丰富的过程，但是其形制、材质、题写方式和制作工艺等方面却是延续千年不变，这是匾额的重要文化特征。在日益现代化的今天，类似匾额这种传统的文化艺术已经被逐渐淡化，但匾额具有的历史、艺术、哲学、文化等多重内容是研究传统文化的重要载体。充分挖掘匾额文化，守护文化遗产、传承匾额文化，对于传统文化研究与保护都具有十分重要的意义。

---

① 刘学娟:《〈邵氏闻见录〉词汇研究》，吉首大学硕士学位论文，2013年。

第二节 匾额的分类及制作

一、匾额的分类

（一）根据匾额的质地

1. 木质匾额

木质匾额是清代匾额中保存最多也最常见的一种，这与我国传统建筑多以木质结构为主有关。木质匾额的成本较石质和金属低廉，也容易制作，因此匾额以木制匾额居多。但木质的匾额在保存方面很容易受到岁月的腐蚀与自然侵害，因此在释读上会增加一定的困难，而且在所留存的实物资料上，也比较偏重晚期，即明清的实物资料。制作木质匾额的上好材料首选杉木。由于杉木具有良好的耐风蚀性和抗虫耐腐性，它成为匾额制作的普遍材料也就不难理解。此外，楠木、杏木、檀木、樟木等名贵木种也是制匾的主要材料。

2. 石质匾额

此类匾额镶嵌在砖石结构的建筑物墙体和墩台上，多见于建筑物的大门门额之上或石牌坊中间。材质有青石、麻石、花岗石、大理石、青白石、白石、汉白玉。《北京名匾》和《中华名匾》收录的明清时期石匾数量为103方。石质匾额一般用于砖石建筑物的墙体和墩台上的镶嵌式。

3. 金属质地

随着冶炼技术的发展，逐渐出现了金属质地的匾额。金属质地的匾额通常以金、铜包边，匾额上面的金字需用金箔覆盖。清代《武英殿镌刻匾额现行则例》中曾有记载，御笔匾额的匾面需用粉油青色，上面的金字需用金箔，一个一尺八寸的金字，需用金箔588张。

（二）根据匾额的功能

匾额的功能或作用大多是与该匾额的内容相关联的，内容往往就预示着用途。根据不同的用途，主要可以分为三个大类。

1. 建筑园林匾

此类匾额主要是标识建筑物和景物的名称，这是匾额最基本的作用，最为常见的有祖庙宗祠（其中还有寺庙）、官府门第、室斋雅号。然而，这种命名并不是简单地给建筑物起一个名副其实的标题，其中往往充分体现了古代文化的儒道互补精神，蕴含着人际协调的文化思想。这类悬挂在风景名胜、休憩之所居的匾额在文字上也多采用表征仙境，寓意祥瑞；修身勤政，规诫自勉的辞藻。颐和园中的乐寿堂，就是取"智者乐，仁者寿"之意，不但暗示此乃"智者仁者之堂"，"乐寿"二字也是寓意吉祥，符合此间主人祈求祥乐长寿之愿望。

在所有为园林建筑命名的匾额中，古往今来比较能体现情景交融、表达意志的，要数文人题写的匾额了。如斋堂雅号。

清代王应奎《柳南续笔》说，狂士归元恭"家贫甚，扉破至不可阖，椅败至不可坐，则俱以纬萧缚之，遂书其匾曰'结绳而治'"。如此"结绳而治"，门匾上的四个字，活脱脱地将主人的性格凸显于门户之前了。

上海翰林匾额博物馆的馆藏中，这种可以体现主人高洁的品质或者修身自勉的匾额有很多。比如清代协办大学士陈大受就题有"安敦堂"之匾。敦，勉励也，以立其志。还有"树德堂""海涵堂""裕后堂"等，或明志，或自勉，或警喻。

2. 旌表贺颂匾

这一类匾额多用以歌颂、称赞、旌表、庆贺之途，通过进献、赠送、恩赐等方式给予授匾者。在此过程中，它们起到了歌功颂德、协调人际关系，维护传统伦理道德、政治统治的作用。这种匾也是用途最广、保存较多的匾额类型之一。比如赞扬匾、祝寿匾、荣升匾、功名匾、德行匾等。在匾额的演变历史中，我们曾提到，匾额的这一功能是逐步发展出来的，而在明清时期，这一功能已经发展得非常完备。

通过匾额来表达对文昌帝君的赞扬尊崇是武威文庙匾额一种主要的形式。如现存武威文庙匾中的"万事文宗""诞敷文德""纲维名教""司命文章""曜握斯文"等匾额，就是意在文昌帝君和文昌神祇的护佑下，文运昌盛，博取功名，同时表达了封建社会文人诗书传家、功成名就的理想与价值观。

以匾额作为表彰忠孝节义的形式，在全国各地都比较普遍。用匾额协调人际关系，为当世和后世树立行为典范，宣传伦理道德观念是当时从官府到民间都喜用的一种方式。甚至因为官方提倡的这种孝义贞节已经影响到民风民俗，比如本应是庆贺的祝寿匾，往往出现赠送的匾额不是庆贺寿诞、长命百岁，而是通过表彰寿者的忠孝节义而使其本人有一种荣耀之感。给女性祝寿时，匾额上一般书写"节孝堪旌""闺阃模范""懿德延厘"等来表彰其美好的德行，而对男性则多用"品偕渭叟""德寿兼优""风清梅叟"等。这种以赞扬寿者德行的匾额在祝寿匾中将近半数。

3. 商铺招牌匾

这类匾额就是商店的招牌，在今天仍然屡见不鲜。这是匾额世俗化的一种标志。匾额逐渐通过商匾这一形式进入民间生活。这种匾大多为长方形，悬挂于门窗之上，尺寸以门面大小而定，颜色大多为黑漆金字，也有黑漆绿字或红漆黑字。而大商号或讲究的店铺也有将题字镌刻于木板上再贴金，有人称之为"金字招牌"。这样的匾额显得格外醒目庄重。匾额在制作上也追求特色，形式多样。四周镶以不同的花纹边饰，或木或石，或写或刻。石匾用砖雕作花边也曾广为流行。商匾的内容主要通过巧取文学作品、凭借商联文采、援引成语典故、附会神话传说、仰仗名人题字、利用趋吉心理、采摘宗教词语、表达报恩情感、显示店家诚信等方式，负载着厚重的商业思想，投射出传统的文化色彩。因此，通过商匾对店铺进行宣传，在今天仍然很盛行。

（三）根据匾额的形制

1. 基本形制

大多数的木质匾额以长方形为主，基本形制有横匾和竖匾。早期的匾额以竖匾为多，多为竖长方形，也有近于正方形的。晚期的匾额为横式，基本上是横长方形，这是由中国古代建筑的结构变化决定的。我国古代建筑十分明显的结构特征之一——斗拱位于房檐之下，撑托着房檐，使之高大雄伟。在唐宋以前，斗拱这一部分结构非常雄伟，它在整个建筑物的高度中所占的比例很大。自元、明、清以后，斗拱这一部分结构的比例就逐渐缩小，就是说柱顶到房檐之间的高度越来越小。因为匾额大都是悬挂在建筑物房檐之下的，所以到后期横匾就比较合适了。尤其到明清时期，匾额文字较多，竖匾就更不合适了。当然，后期也不都是横匾，有些高大建筑，檐下亦甚宽大，也用了竖匾，如北京故宫等。所以，用横用竖还要依建筑物的形制。现在我们所看到的匾额中，雄伟庄重的宫殿庙宇多采用竖匾的形式，以配合建筑的气势和高度。

2. 衍生形制

随着时间的推移，人们对匾额与建筑、景物相搭配的要求逐渐提高，匾额形式的形式也越来越多样。清代李渔的《闲情偶寄·联匾第四》中，关于匾的形状就有明确的记载：

手卷额：额身用板，地用白粉，字用石青石绿，或用炭灰代墨，无一不可。与寻常匾式无异，止增圆木二条，缀于额之两旁，若轴心然。

册页匾：用方板四块，尺寸相同，其后以木绾之。断而使续，势取乎曲，然勿太曲。边画锦纹，亦像装潢之色。

虚白匾："虚室生白"，古语也。且无事不妙于虚，实则板矣。用薄板之坚者，贴字于上，镂而空之，若制糖食果馅之木印。务使二面相通，纤毫无障。其无字处，坚以灰布，漆以退光。俟既成后，贴洁白绵纸一层于字后。木则黑而无泽，字则白而有光，既取玲珑，又类墨刻，有匾之名，去其迹矣。

石光匾：即"虚白"一种，同实而异名。用于磊石成山之地，择山石偶断处，以此续之。亦用薄板一块，镂字既成，用漆涂染，与山同色，勿使稍异。其字旁凡有隙地，即以小石补之，黏以生漆，勿使见板。至板之四围，亦用石补，与山石合成一片，无使有衅窦之痕，竟似石上留题，为后人凿穿以存其迹者。字后若无障碍，则使通天，不则亦贴绵纸，取光明而塞障碍。

秋叶匾：御沟题红，千古佳事；取以制匾，亦觉有情。但制红叶与制绿蕉有异：蕉叶可大，红叶宜小；匾取其横，联妙在直。是亦不可不知也。"

李渔不仅详细地记载了匾额的形状、制作方式，甚至将每种匾额的优缺点或者题写、应用时的注意事项都一一道来。由此可见，前人已经对匾额的形制有很深入的了解和研究。我们现在的匾额，仍然沿用着这样的形式。

另外，根据匾额制作工艺的不同还可以分为斗子匾、雕龙匾、平面匾等，但由于涉及具体的工艺问题，在此就不再赘述。

（四）根据匾额的文字布局和字体

匾额按文字布局可分为横匾和竖匾两种。竖匾为早期匾额的主要形式，晚期匾额多为横式，至于转变原因，主要是由中国古代建筑的结构变化所致。

匾额按字体可分为篆书匾、隶书匾、楷书匾、行草书匾等。以数量论，匾额以楷书匾为最多，以篆书匾为最早。

二、匾额的制作

也许是受古代文人"重道轻艺"观念的影响，关于匾额制作工艺流程及方法的记载非常少，直观的图示也付诸阙如。此方面最早的记载见于北宋李诫的《营造法式》："造殿堂楼阁门亭等牌（匾）之制：长二尺至八尺。其牌首（牌上横出者）、牌带（牌两旁下垂者）、牌舌（牌面下两带之内横施者）……牌面：每长一尺，则广八寸，其下又加一分……凡牌面之后，四周皆用福，其身内七尺以上者用三福，四尺以上者用二福，三尺以上者用一福。其福之广厚，皆量其所宜而为之。"[1] 如果将宋辽牌匾现存之实物与《营造法式》中之规定相对照的话，不难看出它们是极为相似的。

遗憾的是，文献中关于匾额制作的资料少之又少，我们只能从当下的一些专业类书籍中查找到这方面的记述。因此，本节所述的"工艺""纹饰"，均是指清代以来在工匠中口传心授流传下来的工艺，至于清代以前的匾额形制我们则可以通过以下所述来推知。

（一）匾额制作工艺

木质匾额的用材以匾额的具体要求来定，可分为浑水（有色底匾）和清水（原木色底匾）。浑水如黑底金字或朱红色底金字、白底黑字等，对木质要求稍低。清水如本色底垫绿字、半混贴金字、本色底红字等，对木质要求较高。一般而言，清水做法的匾额多用在园林中，给人以轻逸自然的雅趣，而浑水做法的匾额则显得要庄重沉稳些。因此笔者着重分析此做法。

浑水做法的匾额，用材以杉木、本松、色木等杂木为好，多年的旧松、杉木以及其他不易变形的木料尤佳。油漆常见有两种，一种是披麻推灰，即用生漆、瓦灰刮平阴干。要经多次批刮磨平，以达到光平，再按字样堆字、刻字、涂金或贴金。另一种是在木面上刷泥子和油漆数遍，打磨平整，再进行推灰、做字、刻字，后按字样涂金字或贴金箔。

制作前，要先根据匾额的大小和要求进行选料配料、确定尺寸，再按照不同的长度和宽度确定板材的厚度，一般是在一寸至三寸之间选择。厅堂之中的匾额长，多数是其正间面阔的三分之一或三分之二，小亭小阁中的匾额长度为

---

[1]（宋）李诫：《梁思成注释〈营造法式〉》，天津人民出版社2023年版，第369页。

面阔的二分之一到三分之一左右。这种比例最协调，符合人们的审美习惯。当然，有时也会按匾额上字数的多寡及建筑物空间的大小来酌情调整比例。置于门前上槛之上的匾额的长度，一般要长出边框尺许；置于门上的上枋子上的匾额，按字的内容可相应对其长度及宽度有所增减，以达到与建筑物协调配套，也可突出建筑物或物主的意图和要求。

确定匾额大小尺寸后，还要进行底匾的制作，以使匾额更加结实。准备好匾材之后，就可以书写或雕刻文字了。书写相对要简单些，往往是书家兴之所至，一挥而就，刻字则要复杂一些。

油漆，是雕刻完成后的最后一道工序。古代的匾额多采用浑水做法，因此多数用油漆粉饰。为突出文字，字体与匾额本身最少有两种颜色，有的带边框的匾额则需要三种颜色。大部分的匾额底色一般是黑色或红色，使用大漆粉饰。

字体一般都是金字，金色的颜料不是用油漆描绘的，而是用一种金箔贴饰，俗称"贴金"。其工艺是先用桐油涂刷，趁桐油未干之时用嘴将手持的金箔吹贴上去。金箔施用的对象一般只是匾额的主文，前后题跋则一般不用，以起到画龙点睛之效。匾额全部油漆好后，还要再刷一层桐油（清水匾则不油漆，直接刷桐油），以起到防腐及抛光点亮的作用。但贴有金箔的部分不用再漆，否则会降低金箔的光亮度。一般油漆和刷桐油要经过多次抛光、重刷，直至出现需要的效果。

总的来说，匾额的制作和一般木作不同，它的工艺复杂、程序繁缛、做工考究。通常来说，制作一块匾额，好的工匠也得耗时一个月乃至数月之久，这也表明了匾额的珍贵性。而制作完成后，还要再用洁净的白棉布或毛巾擦净匾面浮物，再用绵纸封匾。最后，有条件的要请专业风水先生择定挂匾吉日，传统上还要举行"揭匾"仪式，揭下封匾的绵纸。至此，一块象征着无比荣耀的匾额才正式与观众见面。

（二）匾额的内容

一块完整的匾额上面应该包括两方面内容，一是款识，一是匾文。

1.匾额的款识

所谓款识，主要是指匾额的上款、下款和印章。款识对匾额的解读和鉴定是非常重要的。款识由来已久，原先是指古代刻在钟鼎器上记载年代的文字。《汉书·郊祀志下》："今此鼎细小，又有款识，不宜荐见于宗庙。"后来，被人们作为考证鉴别的标志之一，并且将其用到书画作品上，题写姓名、年、月等等，以表示郑重。尤其是自元、明、清以来，书画家们越来越重视署款的作用，所以，在一些正式赠送的匾额上，款识是必不可少的部分。

（1）上款为题匾者，下款为受匾者、年月日

这种款识的形式是在我们所整理的匾额中较多使用的一种。采用将题匾者放在上款的方式，多是因为题匾的人是比较有名望、地位的人，或是受匾者的长辈、上司等。在这种款识中，又可以细分为以下两种情况：

a.题匾者和立匾者是同一人。

b.题匾者和立匾者不是一人。

（2）上款为受匾者，下款为题匾者、年月日

这种款识的方式也是较为普遍的一种。将受匾者放于上款，主要是因为受匾者是题匾者的长辈、上级，或是当题匾者和受匾者地位相同时，有时为了表示尊敬和谦逊，也会将受匾者放在上款。通常，将受匾者放在上款的匾额是题匾者制好之后送给受匾者的。也就是说，通常情况下，题匾者与立匾者是同一人。但当送匾者是一群人的时候，也有可能是其中一人题，几人立。我们可以看几个该类型中不同类别的例子。

a.受匾者是题匾者的长辈。

b.受匾者是题匾者的老师或上级。

c.受匾者和题匾者同等地位。

（3）在上下款中带有叙述受匾者生平或事迹的序或跋

由于匾额尺寸的限制，一般匾额上的题字是不会太多的，但也有特殊情况。一些匾额为了表彰受匾者，往往会写一段关于受匾者事迹的文字。这段文字根据匾额整体的形制以及之前所提的两种上下款的规则，或是放在上款作为序，或是放在下款作为跋。

除了将叙述性文字放在上款或下款之外，由于布局不同，也有个别的匾额是将文字放在匾文的正上方的。

（4）上款为题匾者，下款为年月日；上款为年月日，下款为题匾者

此类匾额有题匾者却没有受匾者，也就是单从上下款中无法得知匾额是送给何人的。所以这种类型的款识用在表赞贺颂匾中比较少，而在园林建筑匾及商铺招牌中比较多见。尤其是像皇帝、名人名士游览到一名胜景地时，兴之所至，信手拈来所题之匾，都采用这种款识方式。

（5）无上款，下款为年月日

在馆藏藏品中，这类款识的匾额多数为堂匾，即名人雅士为自己的书斋或厅堂所题写的匾额。此类匾额多是用于主人明志、自勉、修身养性，所以大多只留题写时间，当然，也有简单的留个字号的。一些园林建筑和商号招牌的标示名称的匾额若非名人题写，一般是无上下款的。

款识的形式基本上有这几种，前三类匾额都是有受匾者，这些匾额主要是用来馈赠、奖赏的，所以要写清送给何人。而后两类匾额是没有受匾者的，没有受匾者的匾额多是一些园林建筑类等标示名称的匾额。不过这些制式有时会在一些因素的影响下有所变化。除了款识的形式之外，在题匾时，款识的字体、用语以及印章也是值得注意的地方。

2.款识的用语

由于题匾者多是名人雅士，因此在落款时间上的用语也比较文雅、脱俗，有文化韵味。

（1）在年份使用上，一般使用天干地支纪年。天干的数目共有十个，甲、乙、丙、丁、戊、己、庚、辛、壬、癸；地支的数目有十二，子、丑、寅、

卯、辰、巳、午、未、申、酉、戌、亥。

（2）在月份使用上，有三种常用的方法。一是时节纪月法：各季的三个月分别用孟、仲、季称代。如春季，一月就是孟春，二月就是仲春，三月就是季春。二是用一些文学化的代称，多以当月有代表性的植物代称。如"二月"称为"杏月"，"三月"称为"桃月"等。还有一些是从典籍中所出，进而成为约定俗成的代称。三是用地支纪月法，以地支和十二个月相配。

（3）在日的使用上，也有三种常用的方法。一是采用"三浣纪日"。即每个月的上、中、下三旬，即上、中、下三浣。二是采用二十四节气纪日。如"立春""雨水""谷雨"等。三是月相纪日。所谓月相纪日，是指月亮明亮部分的各种不同形象。如初一叫作"朔月"、初三叫作"朏"，十五叫作"望"，十六叫作"望后"。不过在匾额当中，纪日的比较少，常用的为"三浣"纪日。另外，在匾额中最为常用的两个词是"穀旦"和"吉旦"。匾额中的"穀旦立"或"吉旦立"代表这块匾是良辰吉时刻立的，讨一个好兆头。

（4）在语言使用上，题匾者自己一般用谦称，常给自己加一个愚字，如愚弟、愚兄、愚友等，以表示谦逊的态度。而对受匾者一般都会用敬称，一般有令、尊、贤、仁等。如题给对方的父亲称令尊，题给对方的母亲可称尊堂，若是同辈友人或长于自己者可称仁兄，而称地位高的人为仁公等。在结尾处还会加上"顿首""拜顿"等谦辞。

3. 印章

在非常正式的匾额中或者题匾人的来头比较大时，都会有题匾人的印章。印章的位置一般是在题匾者名字的旁边或下面，但也有不少匾额的印章是在匾文正中央偏上方。像一些皇帝题写的匾额，没有上下款，只在匾文的正中央落下自己的印章作为标示。"乐寿堂"的匾额就在正中钤有"光绪御笔之宝"一方。印章往往也是鉴别一块匾的重要标志之一。它与上下款的内容遥相呼应，互为印证。武威现存诸多匾额皆有印章，尤以武威文庙匾额为特色，书写者、敬献者等均在匾额上留下印章，实为武威匾额之特色。尤其当匾额上的文字受到岁月的蚕食而变得模糊不清时，这时印章也可以发挥释读的作用。

（三）匾额的匾文

作为匾额中最重要的组成部分匾文，根据功能的不同，也大有讲究的。园林中的匾额，它的题字就要与它周围的风景相呼应，做到情景交融，以景抒情。如桂湖园林中升庵祠的"一半勾留"，摘自唐代诗人白居易《春题湖上》"未能抛得杭州去，一半勾留是此湖"。题匾之人借用西湖来赞美桂湖，表达了对西蜀名园桂湖的眷恋之情，引用恰切，文字简洁却很好地达到了点景抒情之作用。

商匾则因其是面向大众的招牌，因此用典应忌生僻，避免晦涩难懂。店家的招牌常喜欢用吉利字眼，这是容易理解的。在朱彭寿的《安乐康平室随笔》卷六中将商铺常用的字作了总结："市肆字号，除意主典雅或别有取意者不计外，若普通命名，则无论通都僻壤，彼此无不相同。余尝戏为一律以括之云：'顺裕兴隆瑞永昌，元亨万利复丰祥；泰和茂盛同乾德，谦吉公仁协鼎光。聚益中通全信义，久恒大美庆安康；新春正合生成广，润发洪源厚福长。'诗固漫无意义，而言利字面，大抵尽此五十六字中，舍此而别立佳名，亦寥寥数几字矣。"所列举的五十六个字，对于牌匾用字，确实囊括尽了。然而，这些字用来交叉组合，两字、三字，甚至四字五字的，再加上甲前乙后、乙前甲后的位置变化，是可以组合出成千上万个不同字号的。

与商匾刚好相反，一些文人墨士所题写的匾额往往多出于典故，有些就是需要有些文化的功底才能解其中意的。比如"陆橘孔梨"，若是不懂得其中的典故，便不懂得此匾为何而写，有何意图。陆橘，《二十四孝·怀橘遗亲》："后汉陆绩年六岁，于九江见袁术，术出橘待之，绩怀橘二枚。及归拜辞，堕地。术曰：'陆郎作宾客而怀橘乎？'绩跪答曰：'吾母性之所爱，欲归以遗母。'"孔梨，典出孔融让梨。此匾旨在赞颂受匾者孝顺父母，友爱兄弟。

不同类型的匾额，其在文字上的遣词造句往往要与匾额发挥的功能相互呼应。若是题字内容不能彰显匾额的作用，那匾额也就失去了很大一部分价值。

比如官府、统治者要宣扬伦理道德，就会借助给孝子义士颁发匾额的形式。这样的匾额用词就不能太过深奥，否则百姓不懂其意就达不到宣传的效果。因此，用很直接的词语，如"节孝""义士"等，简单而有力，使人们对所要表彰宣扬的内容一目了然。

第二章 武威匾額整理研究

武威历史悠久，蕴藏着丰富的历史文化内涵，是中华传统文化的重要组成部分。历代书画名家、文人墨客，人才辈出，特别是清代二百余年间，由于重视科举取士制度，经过康、乾两代大力提倡"崇儒重道"，特开"博学鸿词科"，广选学行兼优，文词卓越之辈，于是形成"右文之盛，千古罕闻"的盛况。留下了众多书文俱佳、制作精良、精雕细刻、装潢精美，令人叹为观止的匾额。武威匾额以凝练的文字浓缩了厚重博大的凉州文化，内涵极其丰富、纵观古今、横穿广域，充分展示了凉州文化的纷繁多彩。但因为岁月的侵蚀、战争的破坏、时代的变迁、自然灾害等原因，有些匾额业已消失。现存的武威匾额，书体丰富多样、文字古朴雅致、雕刻精美细腻，展现了武威人追求理想的执着精神、讲究诚信的淳朴民风、保家卫国的赤胆忠心、崇文尚德的蔚然儒风、尊老敬贤的传统美德。每一块匾额字里行间都充满着浓烈的文化气息和厚重的翰墨书香，具有较高的文化和艺术价值。

第一节 武威历代匾额考究

匾额是集文字、书法、镌刻、雕塑、篆印、工艺、美术为一体的一种综合性文化体现。武威自古人杰地灵、人才辈出，所留匾额颇多，能够反映出较深的人文积淀和丰富的历史文化。按匾寻迹，探寻匾额背后蕴含的历史兴衰，不仅能够了解武威的历史印记，也能够纵览中国传统历史文化。

一、"大元故路"匾额

今武威市北15公里的永昌镇，有一座元代新建的府城——永昌府城遗址。《元史·世祖本纪》记载："（至元九年十一月）诸王只必帖木儿筑新城成，赐名永昌府。"也引起了行政建置的变化，打开了"大元故路"这块石匾的尘封历史。

（一）历史背景

西夏以武威为西凉府的治所。蒙古灭夏后，忙于东征西战，无暇变更。1239年，蒙古大汗窝阔台之子阔端征蜀归来被封为西凉王，王府设在西凉府。阔端去世之后，第三子只必帖木儿继位，相中了武威城北15公里处这块风水宝地，兴工建城。至元九年（1272年）十一月，元世祖赐名"永昌府"。1278年，元朝在永昌府设立永昌路，降西凉府为州，隶属永昌路。永昌路所辖范围包括今凉州、永昌、永登、古浪、天祝、民勤等地。

明王朝建立后，废除永昌路西凉州，设立凉州卫，治所在凉州（今甘肃武威）。永昌路城被废弃，永昌府也不复存在。从1272年只必帖木儿开始兴筑城池，直到1368年元朝灭亡，永昌府存续90多年。永昌路兴盛之时，永昌府富丽堂皇，永昌路城内也是车流不息、商贾云集、热闹非凡。永昌路兴盛时，历经明清几百年的风雨侵蚀，城内的宫殿多已不存。1958年以前，城垣还保存完好，周长有七里多。在永昌路故城南门镶嵌的砖雕"大元故路"四个大字，虽无落款，但笔迹苍劲有力，气势磅礴，是武威地区多民族交往交流交融的见证。

（二）历史印记

因凉州具有独特的地理位置和战略要素，1237年，阔端驻兵凉州。凉州在军事上能够控扼西北诸蒙古宗王，在经济上是加强联系中亚诸蒙古汗国的主要通道，因而元代对凉州的经营开发格外重视。元朝政府大力倡导地方养马，并且颁布相应的法律政策，有力地促进了河西养马业的发展，河西一带也成为元代养马之地。1239年秋，阔端派大将多达那波率领一支蒙古军进入前藏，多达那波给阔端推荐迎请萨班大师来凉商谈西藏归属事宜。只必帖木儿便在今武威市凉州区永昌镇地界筑新，即"永昌府"。至此，元朝在武威的统治中心，由西凉府转移到了永昌府，永昌府成了当时凉州的政治、经济、军事中心。1353年，元惠宗派甘肃行省平章政事、从一品大员锁南班为永昌宣慰使，总管当地军马，足见永昌路之重要。永昌路战时为军事要地，和平时期则为商旅往来的重要交通驿站。

明初，朱元璋派大将军冯胜西征，占领凉州之后设立凉州卫，配置军力5600人。凉州是"通一线于广漠，控五郡之喉襟"的兵家必争之地，凉州的战略地位受到明政府的高度重视。明代重臣马文升曾经说过，"甘、凉地方，诚为西北之重地也。汉、唐之末，终不能守，而赵宋未能得。至我朝复入职方，设立都司，屯聚重兵"，一旦"甘、凉失守，则关中亦难保其不危"。有明一代，凉州成为抗击残元势力的前沿，是捍卫西线的军事重镇，明廷十分重视对作为西北边镇要地的武威地区的经略。明朝从地区军事行政建制、修筑长城、养殖军马等方面有效地加强了对武威地区的管理，巩固了国防，安定了边境，武威的战略地位与作用也从中凸显。清朝统治者为巩固政权，对凉州府设防相当重视，增修满城，凸显了武威的关键地位。

（三）"大元故路"今何在

历史上的永昌府城及其内部建筑，均已随风而逝。目前所能见到的仅有一段几米长的城墙，残高约5米，厚4米，门额上"大元故路"四个苍劲大字也被拆除，无人再能够瞻仰它的风采。但在今武威市永昌镇曾出土的《西宁王忻都公神道碑》《亦都护高昌王世勋碑》两方碑刻，依旧能够还原这一段沧桑历史。

《西宁王忻都公神道碑》，该碑由蟠螭纹碑首、碑身、龟趺碑座三部分构成。整高6米，宽1.5米，厚0.4米。碑铭正面刻汉文，背面刻回鹘蒙古文，每行63字，共32行；碑额4行，文意为"大蒙古国敕建西宁王忻都碑"，为时任中书省丞也先不花按汉文碑铭翻译。该碑文字体端庄秀丽，是蒙古书法的上乘之作。该碑文记载了元惠宗时期，元中书平章政事斡栾的父亲忻都及其先辈们历代对元室建立过卓著的功勋，加之斡栾本人当时官职仅次于宰相，亦有功于元室，故元惠宗于至正十八年（1358年）追封斡栾的父亲忻都为西宁王，特立此碑作为纪念。该碑文对研究甘肃、新疆回鹘、裕固族的历史，以及与蒙古族的关系，颇有价值。

《亦都护高昌王世勋碑》，1933年在武威石碑沟村一带出土，现仅存碑首和中段，收藏于武威文庙。碑首刻蟠螭，残高1.3米，宽1.8米，厚0.52米；碑身残高1.82米，宽1.73米，厚0.47米。碑正面为汉文，36行，行残存41字；背面为回鹘文。立碑时间为元顺帝元统二年（1334年）。碑文为元代著名学者虞集撰，元代大书法家、礼部尚书康里巎巎奉敕书，翰林学士承旨、奎章阁大学士赵世延篆额。碑文详细记述了回鹘的起源、高昌国的来历以及元代亦都护高昌王的世系传递以及与元朝王室的联姻情况，是研究回鹘史和回鹘文的第一手资料。

从上述两块碑的出土发掘可以看出，一方面元代对凉州这一地理位置的重视，从侧面反映出该地物产丰饶、水草丰美，适宜长期居住、休养生息；另一方面也反映出凉州地区自元代以来就是汉、蒙、回鹘、畏兀儿等古代多民族共同的聚居地，各民族在此地共同生产生活，极大地促进了民族间的融合发展。"大元故路"的风姿现已不存，但从西宁王碑、高昌王碑以及故城遗址中也能够依稀窥见一千多年前，元代凉州的辉煌。

二、"凉庄保障"匾额

明清之际，甘肃武威各地设立了诸多营堡驿所，用以保障东西交通贸易畅通，屏障西北。1967年，武威古浪县黑松堡南门一带出土了一方石匾，上刻"凉庄保障"四字，揭开了明清时期对河西走廊的经略史。

（一）出土过程

1967年，古浪县龙沟公社黑松驿旧城中需修筑一条涵洞。因当时缺少砖头石料砌边，在生产队长顾鸿猷的率领下，陈国顺、顾洪庆、陈志忠、刘国泰、王炳玉等人便拉着架子车到黑松驿南城门道（今兽医站院内）去挖城砖。一天上午挖出了一块长164厘米、宽71厘米、厚19厘米的石匾。用草根刷去粘在上面的泥土之后，显出了"凉庄保障"四个大字，以及石匾左侧逐渐显露出几个小字"将军""赵"和一小段石边花纹。随后，正值中午，挖砖工人将石匾拉到涵洞前就去吃饭了，但修涵洞的工人们已经早吃过午饭了。等挖砖一行人下午去拉回城砖时，只见这块出土不到半天的石匾已经被泥瓦工牢固地镶砌进涵洞壁，只露出侧面一道边印。

直到2017年10月28日，在修古浪县黑松驿镇黑松驿村二组的过水涵洞时，这块出土又复埋的石匾才重见天日。现存放在黑松驿博物馆内。该匾是一块明代城门石额，石匾长约160厘米、宽约70厘米、厚约20厘米，右侧竖刻有小字"□□□分守道右参议李际春书"，左侧竖刻"万历癸巳游击将军赵希云立"。石匾周围双线内刻有5.5厘米宽的花纹。

（二）历史背景

黑松堡，又称黑松驿，是明长城甘肃镇分守凉州副总兵治下的重要军堡。黑松驿地处乌鞘岭北麓，河西走廊东端，素有"古浪南大门"之称。北距古浪县城 30 里，南接天祝安远镇。古堡建在古浪河西岸台地上，居高临下，扼控河谷，河谷东岸山脊上明长城横贯南北。《五凉全志校注》记载："黑松堡，筑建年份无考。"这也使得"凉庄保障"这块石匾的出土，为我们提供了打开此城始筑时间之谜的一把"钥匙"。

从该石匾中的"万历癸巳年"可以推测，最晚于公元 1593 年"黑松堡"就已经修建。因此，该堡的修建，使得河西走廊东端的边防、驿道、土地、物产等有了良好的保障。黑松驿曾有"小凉州"的美称，人烟稠密，经济繁荣，物产丰富。此外，黑松驿优越的地理位置，易守难攻，既加强了防守，又能及时传递情报信息，是重要的军事要塞。另一方面，凉庄大路这条驿路，保障了丝绸之路的畅通安全，作为重要的运输线，促进了凉州和庄浪之间的商业交通、文化交流等。

1910 年春，出生于澳大利亚的乔治沃·尼斯特·莫理循开始对中国西部进行考察。他从陕西咸阳出发途经甘肃平凉、兰州、凉州（今武威）、甘州（今张掖）、肃州（今酒泉）出嘉峪关入新疆等地。他每经之处都拍摄了一些照片。3月2日，在他途经黑松驿拍摄了"凉庄古城一角，荒废的卫所"一图。从拍摄的角度看，那时的莫理循是站在"凉庄"城的东南角（今古浪县黑松驿初中大门口附近）拍摄的。时间应该是上午九至十点左右，照片上最显眼的是一个不大的向南开的角门，门边都是用砖砌成的，门楣呈弧形，左边的门扇半开着，阳光斜照在门扇上。城墙上的垛墩和瞭望孔向西向北延伸着，高出城墙的东南角墩从瞭望孔中能看到天空。东边的城墙一直向北延伸，在远处可以看到东城门洞的黑影及城墙上隐隐约约的垛墩。近处是还未发芽的荒草滩和一丛丛芨芨草墩。照片背景是黑松驿北边的石亗山，山形清晰可见，右边高处是"营盘顶"，现建有航空导航设备。右下方黑凹处是"曹家锅锅"，向左延伸的山岭是"簸箕湾山梁"，最左边隐去的是"金家锅锅山岭"。照片左边的上方是黑松驿西边的"塔儿亗"山岭，上方是晴朗的天空。这张旧照片充分证明了"凉庄"古城在未地震前的面貌，给我们留下了珍贵的历史资料。

(三)古匾释读

据石匾右侧小字记载，"凉庄保障"四字是时任分守道右参议李际春所写。李际春（1552—1615），字和元，号鉴池。籍贯湖广蕲州卫，国子生，善读《书经》。自幼聪慧，隆庆四年（1570年），李际春十八岁时，考取了第一名秀才。万历元年（1573年）中乡试第三名举人。万历五年（1577年）中三甲第九十八名进士。万历十一年（1583年）李际春被选拔进户部任职。万历十五年（1587年）到兰州督办军饷。万历十六年（1588年），母亲病逝，回家守孝，服丧期满又回到兰州办军饷。万历二十年（1592年）四月升任陕西布政司右参议。笔者大胆猜测，石匾上风化的字可能就是"布政司"三个字。明朝的布政司设左、右参议，官位四品，分守各道，并分管粮储、屯田、清军驿传、水利等事务。

万历二十至二十一年（1592—1593），李际春正驻守凉州，分守西宁道。石匾上的"凉庄保障"四个字可能就是他在这时候的春季写的。万历二十一年（1593年）秋十月，李际春升任为云南提学副使"正四品"赴云南任职去了。

万历二十九年（1601年），李际春四兄病故，三兄年事已高，操持家务重任又落在了他身上。他不得不回家主持家族事务，这一回家就长达十二年之久。他将儿女、侄儿、侄女和老人的婚丧嫁娶安排得妥妥帖帖。

万历四十一年（1613年），因朝中大臣举荐，李际春再次出山赴任四川参议。

万历四十三年（1615年）六月，李际春升任为河南副使（正四品），巡视汝南道（今河南驻马店一带）。因积劳成疾，同年的十月李际春病逝于任上。去世时李际春"橐中无一钱"，真是为民服务的一位清官。

石匾中左侧记载"万历癸巳游击将军赵希云立"中的游击将军赵希云，可以初步推测在万历癸巳年（1593年）春季开始动工修筑了"黑松堡"城，并雕刻了石匾，镶嵌于"凉庄"的南城门。

游击将军赵希云，在明朝初年任指挥佥事（正四品，管理一省监察、司法的长官），在永昌县主持奠基修建了位于县城中心的钟鼓楼，又名声教楼。万历十四年（1586年）修建而成，是永昌县现存的明代古建筑之一。

明朝万历二十一年（1593年），游击将军赵希云坚守"凉（凉州卫）""庄（庄浪卫）"一线的重要边防要塞"凉庄"地区。鉴于此地南有乌鞘岭作屏障，北有古浪峡为隘道，四面环山，是历史上兵家必争之地的特殊地形，由于旧城毁坏，没有屯兵之地，赵希云在旧城南边一公里处修建了"黑松堡"这座新城。

"凉庄保障"四字，其中"凉"指凉州，今武威；"庄"则指明初平定河西后设置的庄浪卫。庄浪卫，元代为庄浪县，隶属永昌路；洪武五年（1372年）改为庄浪卫，洪武十年（1377年），因旧县址筑城，设庄浪卫指挥使司。"庄浪卫"的出现与明代的边防体系密切相关，卫所是明朝军队的基本建制，"度底要害，系一郡者所设，连郡者设卫"。而卫所又受到都司的节制，景泰七年（1456年）设高台守御千户所后，陕西行都司下辖十二卫，其中就有凉州卫和庄浪卫。由此可见，该地自明代以来就是军事战略要地，是河西走廊上的咽喉要道。"凉庄保障"的出现不仅体现了古浪黑松堡对保护凉庄地区安全的重要作用，也使我们能够感受到明清时期戍卫西北的河西经略。

三、武威古城楼匾额

明代初年，凉州城内有四大城门以及二十四座城楼。明洪武十年（1377年），都指挥濮英对武威城进行了大规模加固增修，修建了东、南、北三大城门楼。1391年，武威总兵宋晟在武威城增辟西城门，东门为"宣武门"，悬挂匾额为"河西保障"，城楼曰"武威楼"；西门为"崇德门"，城门上镶嵌有石刻"遥接玉关"，西门吊桥阁楼叫作文昌阁楼；南门为"昭武门"，匾额为"翘映天梯"，南城楼有夜雨打瓦之传说；北门名为"通化门"，悬挂匾额"大好河山"，城楼名"万青楼"。武威东、西、南、北四座城楼所悬挂的四块匾额，原匾均已不存。

（一）历史背景

武威古城始筑于西汉，匈奴人筑"盖臧城"，音译之别称姑臧城。姑臧，古羌语意为姑部落。因城有龙形，名卧龙城。《水经注》引王隐《晋书》云："凉州有龙形，故卧龙城，南北七里，东西三里，本匈奴所筑也。"公元301年至376年，张轨父子称制凉州，又增筑四城厢各千步。前凉建立后，在旧城内建两个小宫城，到前凉国主张骏时在旧城内建"四时宫"，在城外四周筑四城厢"各千步"。"四时宫"以谦光殿为中心，四周各建一殿。四城厢也是宫城或离宫园苑，大概东西二城市园苑，而南北二城是宫城，但南城逐步演化为市场。五城共开22门。经测算，当时的姑臧城墙总周长达14公里有余，而面积近于汉魏洛阳城。[①] 五城中，北、中、南三城是中轴，东、西二城为两翼，故世称"鸟城"。前凉城基本沿用于十六国至南北朝时期。隋唐之际，凉王李轨又增筑城墙，周长十五里，城址向西南迁移。据称当时"大城之中，小城有七"，形如凤鸟。北朝诗人温子昇《凉州乐歌》中写道："远游武威郡，遥望姑臧城。车马相交错，歌吹日纵横。"此时的凉州城南北长、东西短，南城有东西苑城，形似有头尾两翅的鸟城。因此，凉州城又有鸟城和凤城的说法。从汉代至唐代，凉州城已发展为七城，成为唐王朝经略大西北，通商亚、欧、非各国的战略要地和丝路都会。唐岑参赋诗曰："弯弯月出挂城头，城头月出照凉州。凉州七里十万家，胡人半解弹琵琶。"

　　明王朝为了巩固加强凉州这一战略要地，特意将北门楼修建为三层重檐建筑，形制远比其他三面高大雄伟，用来眺望远方，警报敌情。1574年，甘肃总兵石茂华、巡抚廖逢节又历时两年，采取外筑边墙、内修城池的措施，创修吊桥四座，挖了深六米的城壕，在城墙四周修建了箭楼、逻铺三十六座，后来又用城砖包砌了全部城墙。1617年，又开辟了新南门，称"兴贤门"。经过这些增修加固，凉州成了名副其实的"金城汤池"，城市军事防御能力大大增强。后历经战乱，城门楼几经毁坏。及至近代，原城墙、城门均已损毁，唯有南城门楼还遗有两座高约10米的土台。1927年，古浪县发生大地震，县城周围50

---

① 王乃昂，程弘毅：《武威城市历史地理初步研究》，《历史地理》，2004年第1期。

多里范围内变成一片废城。武威城楼、城墙以及其中匾额都被震毁。

20世纪末叶，城楼原状尽失，仅存高度不足10米的残垣。于是武威地方政府筹集1000多万元重建，建成现如今占地2907平方米、建筑面积4825.85平方米、高39.6米的新城楼，成为武威的一处标志性仿古建筑。新建的南城门楼为五层，上部三层为仿古建筑，负一层包裹在城墙之中，最高处为阁楼。

（二）古匾释读

1. 东门"河西保障"

该匾的书写者暂未可知。但根据武威南城门的修建历史，可以基本推断，该匾大概为明代初年所立。

明洪武五年（1372年），废除了永昌路和西凉府，在凉州设立了凉州卫和庄浪卫，属陕西行都司管辖，统领河西地区。洪武十二年（1379年），在庄浪设置陕西行都指挥使司，统领河西各卫所。由此可见，明代十分重视凉州等地在西北治理中的重要地理位置。因此，在经过对凉州城楼的数次修缮之后，不仅使其成为戍卫西北、保障河西的重要军事建筑，也对当时西北残余的蒙古势力起到了震慑作用。

"河西保障"的寓意也就凸显出来了。武威是河西走廊的东大门和丝绸之路要隘，自古以来就具有有利于农耕的得天独厚的条件，是西北的战略要地。古人亦有"河西捍御强敌，唯敦煌、凉州而已"的说法，比喻武威地形之险要。东接河套、北部沙漠是"鸣镝之野，驰骛之场"，南面紧邻西羌，自南而西是连峰叠嶂的祁连山，一直绵延到酒泉，中部是险峻的东西峡道。经济地位也相当优越，它的中心区处于四周高山边缘，有肥沃的平原和石羊河水系的灌溉，极有利于发展农业。南部及西南部草场丰茂、可耕可牧；北部地区有很大的盐场，因而也被称为"兵食恒足，战守多利，斗粟尺布，人不病饥"的地方。占据如此重要的政治、军事、地理、经济等多种要素的凉州，自然也是保障河西、戍卫西北的要地所在。

2. 西门"遥接玉关"

"玉关",即玉门关。汉武帝开通西域通道,设置河西四郡时,因西域输入玉石时取道而得名,是汉代以来通往西域各地的门户之所。沙畹在古长城的672件文书中,经过研究发现,共有24次提到这个著名的关隘。

隋唐时,玉门关由敦煌西北迁至敦煌以东的瓜州晋昌县境内。史书《隋书·西突厥传》《元和郡县图志》等均记载玉门关在瓜州晋昌县境。据此,学界普遍认为,隋唐时期的玉门关位于锁阳城北30千米。

五代宋初,玉门关又东移至今嘉峪关市界内。玉门关在宋代中后期逐渐消失在史料文献中,因其与嘉峪关地域相近,多以嘉峪关之地代指玉门关。

武威,自古以来就是中原通往西域的道路交会点,是古丝绸之路上的贸易重镇,更是河西地区各族之间经济交流中心,东以黄河为天堑,南以祁连山为屏,北枕合黎,西连沙碛。向西不仅是河西走廊重要的桥梁枢纽,更是连接西域诸国及各少数民族进入中原的堡垒。因此,在新修的城楼西门悬挂有"遥接玉关"一匾,更加凸显其地理位置的重要性。

3. 南门"翘映天梯"

"天梯"是指武威天梯山。天梯山为祁连山支脉,在武威城南约八十里,因其山势陡峭峻拔,高入云霄,拾级而上,险如悬梯,故称天梯。山巅常年积雪,俗称"天梯积雪",是凉州八景之一。

天梯山最著名的还是天梯山石窟。《十六国春秋·北凉录》载,沮渠蒙逊"于凉州南百里崖中大造形象"。该石窟创建于北凉沮渠蒙逊时期,是我国早期石窟艺术的代表,在中国石窟艺术及佛教发展史上具有重要地位。

明正统年间,在重修广善寺时,对该石窟进行了修缮。正统十三年(1448年),《重修广善寺碑》记载"石窟在郡东南一百三十里……诸佛之龛,二十有六"。从目前考古发掘来看,天梯山所有洞窟均经过隋唐、西夏、明代的重建和妆銮。例如,第1窟现存泥层上只保留明代彩色纸印千佛,千佛高17厘米。第2窟位于整个窟群的最上面一层,距离山基约35米,为典型的方形覆斗顶佛殿窟。其中，共剥离出壁画作品三层，第一层为初唐时期作品，第二层为盛唐时期重绘作品，第三层为明代的重绘作品。

1927年甘肃大地震，将10余处洞窟震毁。20世纪50年代，因修建黄羊河水库，而窟址地处水库淹没区，除大佛窟外，其余窟内49尊造像、100多平方米的壁画，都搬迁至甘肃省博物馆保存。现存石窟3层，大小洞窟17处、佛像100多尊，壁画数百平方米，以及魏、隋、唐时期的汉、藏写经。2001年被公布为第五批全国重点文物保护单位。

该匾中的"翘"字，意为"突出、特出"，"映"的意思是"映衬、衬托"。从字面意思可以看出，书写该匾额之人，意在将新修的凉州城与天梯山相互映衬，不仅生动描写了凉州南部的天梯风光，而且将新修的凉州城与天梯山比肩，突出了当时城楼的雄伟壮观景象。

4. 北门"大好河山"

武威北城门楼匾"大好河山"四字，相传乃是清末凉州怪才杨成绪所书。杨成绪是何许人也呢？

杨成绪，生于道光十一年（1831年），卒于1919年。字绍文、又字绍闻，武威县城关镇人。杨成绪自幼生性聪慧、很有才气，时常借用典故讽喻讥评人事，也被称为"狂生"。他为文不遵"八股"章法，屡试不第。直到同治十二年（1873年）43岁时才考中秀才，光绪二年（1876年）46岁考中岁贡生。后去西安乡试，因在试卷中抨击时政而落榜。从此绝意科场，隐身民间，靠写字卖文为生。墨迹保存于民间者甚多，武威市博物馆也收藏有他的书法作品。

据传他正在聚精凝气大草该匾中"河"字的偏旁时，有人问他为何要拐几道弯？他朗声大笑说："天下黄河九十九道弯，我才拐了几道弯？"在场诸公击掌大笑，皆称其妙。

在历史长河中，有无数的仁人志士、无数的戍边将士，从这里向西，守卫中华民族的历史与文化成果、守卫祖国的大好河山。

如今，新建的南城门楼是一座仿明代建筑，采用三层重檐，歇山大屋顶结构，底座全部由青砖砌成。这座高39.6米，占地面积5387平方米的城楼，正面悬挂着"银武威"匾额，背面则是赵朴初先生题写的"神骏天马"匾额。在这里不仅可以历览前贤的柱雕、写意凉州的浮雕，更可以欣赏到象征和平的方鼎和小桥流水，给这座坐落在西部的历史古城增添了不少秀色。尤其是伯凤麟题写的武威南城门楼的302字长联，可谓中华楹联中的一绝：

华夏五千年，兴废问沧桑。溯兹墉，龙盘要隘，游踪历历。承刘彻武略，边将阃阈，刀光剑影，晓日角声，烽烟传禹甸，暮鼓晨钟穿户牖，安邦定域固金瓯；族族睦睦融融处，贾诩班彪范粲，丰功缥烂，名响尤增彩。登临乎，神凝情沸，足蒸瑞霭，睡色独拥。放目今，东朝帝阙，西望雄关，南瞻藏殿，北观瀚漠。最妙处，古雪天梯，晴霞霄塔，狄台烟草，碧菊黄，鳞跃虹门，鹏翔雁冲。喜奔马横空誉隆，故郡闻环宇；

寰球八万里，咸休涵静气。数斯楼，虎踞绿洲，胜景重重。肇走廊文源，邑士勃勃，浊酒玉觞，冰心雅趣，翰宝耀京畿，胡笳羌龠溢亭阁，绘画吟诗唱俚曲；卷卷煌煌熠熠留，张澍李益阴铿，俊采风流，绩遗尚焕辉。停驻耶，胸荡神怡，眸断嶂岚，塞容尽览。驰怀矣，春享松莺，夏弛禅寺，秋逸驼铃，冬狩银岭。怎忘却，平沙夜月，沃土粮畦，怪柳蜜瓜，汀青荻翠，笛扬牧野，鹿骋羊突。看丝途纵地尘绝，今车啸异邦。

第二节　武威匾额历史中的重要印记

一、"夫子博学"

"夫子博学"是咸丰皇帝的题字,是御赐给清朝名臣牛鉴府第的匾额,这也是武威匾额史料记载中唯一一块封建皇帝亲笔题写的匾。牛鉴(1785—1858),甘肃武威人,字镜堂,号雪樵,是道光皇帝和咸丰皇帝的老师,被世人誉为"两朝帝师"。清朝道光二十一年(1841年)九月丙辰,牛鉴官拜两江总督、兵部尚书衔、抚远将军,兼辖两淮漕盐,从一品,成为清朝著名的九位封疆大吏之一。后又任清朝正二品资政大夫,道光赐匾"夫子博学"。

二、"浩气凌霄"

"浩气凌霄"匾额是一代名臣林则徐为陕西会馆书写的。笔力遒劲,正气浩然,爱国之情溢于笔端。林则徐(1785—1850),字少穆,福建侯官(今福州)人。嘉庆十六年(1811年)进士,选翰林院庶吉士。曾官湖广总督、两江总督、两广总督、云贵总督等职。著有《林文忠公政书》《荷戈纪程》《云左山房文钞》《云左山房诗钞》等。道光二十一年(1841年),林则徐被诬革职,发往伊犁效力赎罪。道光二十二年(1842年)八月十四日抵凉州,十五日至二十一日均住在甘凉道署中,二十二日启程西行。其间,林则徐与当地官员、士绅酬唱往还,连日作字,此"浩气凌霄"匾,即在此时题写。

三、"忠刚遗泽""古雪山房"

"忠刚遗泽""古雪山房"这两块匾是清道光左都御史、书法家姚元之为武威清代十大翰林之一的张兆衡府第所题隶书门额和花厅匾书。字迹古朴典雅,沉雄凝重，是武威民间匾额文化的代表作。张兆衡，字仲嘉，号雪槎，世为凉州望族，选翰林院庶吉士，曾任知县、知府。他兴利除弊，除莠安良，深得地方绅民信赖。据梁新民先生考据，张兆衡府第在凉州城西小北街西侧，张澍故居南面。题写张兆衡府第匾额的姚元之是安徽桐城人，出身书画世家，博通掌故，为文高雅，擅长书画。嘉庆十年（1805年）进士，官至左都御史、内阁学士。姚元之曾说："甘省文风，初惟宁夏最盛，今则莫盛于凉州之武威。"这是他亲身所见所感而发，足见清代武威"文风甲秦陇"信非虚言。

四、"布衣养志"

"布衣养志"是范振绪先生给曾任豫省旅凉同乡会会长的李兰轩宅第所题的匾额。李兰轩，为河南籍回民，其宅第坐落于原唐府街（今武威军分区所在地西北部）。门额"布衣养志"匾语中富有哲理，寓意有很好的读书风气。题匾者范振绪（1872—1960），甘肃靖远县人，字禹勤，号南皋，于光绪二十七年（1901年）、二十八年（1902年）恩正并科考试中府试举人，二十九年（1903年）中进士，史称"龙门三击浪"。范振绪晚年号东雪老人、太和山民，是百年来甘肃文化界代表人物之一，也是知名的书画艺术大家。范振绪的书画艺术造诣精深，独树一帜，推动了甘肃书画艺术事业发展。范振绪在近代甘肃书画艺术发展史上享有很高的地位和声誉。范振绪擅长诗联谜语，有诗书画"全把式"之美誉。

第三节　武威文庙匾额概述

一、武威文庙

武威文庙也叫圣庙、孔庙，坐落于武威市凉州区东南隅，坐北向南。始建于明正统四年（1439年），后经历代扩建，布局对称、结构严谨，是一组宫阙式建筑群，规模宏大、气势雄伟，明清之际被誉为"陇右学宫之冠"。武威文庙是凉州文人墨客祭祀孔子的圣地，是西北地区建筑规模最大、保存最完整的孔庙，属于全国三大孔庙之一。

据现存明正统四年（1439年）《凉州卫儒学记碑》载："文庙始建于明正统二至四年，当时修建有明伦堂、重门以及存诚、敬德二斋，后在明伦堂东面续建大成殿、棂星门、泮池、文昌祠、崇教门等。"明成化、清顺治、康熙、乾隆、道光及民国年间进行多次重修、扩建。

文庙现有儒学院、圣庙、文昌宫三组建筑群，其中儒学院内现仅存忠烈、节孝祠等部分建筑，其他建筑均被拆除；圣庙院内建筑保存完整，中轴线以大成殿为中心，前有泮池，后有尊经阁，中间有棂星门、戟门，左右两侧有名宦、乡贤祠、东西二庑；文昌宫院以桂籍殿为中心，前有山门，后有崇圣祠，中为二门、戏楼，左右有牛公祠和东西二庑。整个建筑群布局匀称，结构严谨，占地面积约2.5万平方米，富有我国古代建筑庄严雄伟的特点。

武威文庙东南设有正门，影壁两边为两道边门，东面叫"礼门"，西面叫"义路"。由礼门进入圣庙，影壁北面就是半月形的泮池，再北为明正统四年（1439年）所建主体建筑之一的棂星门。泮池中间原筑木构拱形桥，名为"状元桥"。1980年，对泮池和状元桥进行维修，改为石拱桥。

棂星门，是四柱三间三楼冲天柱式牌楼，立柱穿过屋盖挺立于楼脊之上，牌楼黄瓦庑殿顶。此楼伸到正楼斗拱之下，向内一侧为悬山顶。檐下斗拱两段，下端三翘七踩，上段单翘三踩。正中走马板上前面书"棂星门"，背面书"太和元气"四个金色大字。从平板坊宽于额坊等特点看，牌楼为明正统年间初建的凉州卫学的遗构。

其中"太和元气"牌匾中的"太和"，亦作"大和"，是指天地、日月、阴阳相会合，是天地间冲和之气，谓太平。"元气"，是指天地未分前的混沌之气，也指产生和构成天地万物的原始物质，后喻指中国古代的五行"金木水火土"，在这里的"元气"是指万物生长的根本所在。该牌匾的意思是说，孔子的思想就如同天地孕育万物一样，是能够让人达到一种至高无上的境界。

棂星门北面是戟门，又称为"大成门"，为六扇朱红色大门。戟门不常开启，旁有耳门供日常出入。只有每逢孔子祭日或诞辰举行典礼时才会开启。

大成殿是供奉孔子塑像和祭孔之地，是文庙的中心。建于高1米的台基上，前有月台及望柱栏杆。平面为方形，面阔三间，进深三间，四周绕廊，重檐歇山顶，檐下施五踩重翘斗拱，正中悬"大成殿"匾。殿内金桁下墨书"大明正统……三年肇建"字样，脊桁下墨书"大清顺治重修"题记。殿内正中原建一神龛，龛内供孔子画像；旁边配祀复圣颜回、述圣子思、宗圣曾子、亚圣孟子四圣牌位。

尊经阁建于高2米的砖包台基上，平面呈方形，面阔五间，进深四间。下层四周环绕外廊，土木结构重檐歇山顶楼阁。下层列柱平面为清式矩形，不减柱，上层不施中柱。阁内保存康熙十一年（1672年）《圣祖御制训饬士子文碑》。

坐落在大成殿东面的文昌宫桂籍殿，是供奉文昌帝君的地方。该殿建于高大的台基上，面阔五间，进深四间，是单檐歇山顶前出卷棚廊结构。檐下施斗拱，明间、次间四朵，两梢间三朵。卷棚廊内悬挂历代文人学士敬献的46块巨型匾额。这些匾额最早的是康熙三十四年（1695年），最晚的也是民国二十一年（1932年）。匾额形式多样、内容丰富，书法潇洒秀丽，堪称艺术珍品。

1996 年，武威文庙被国务院公布为第四批全国重点文物保护单位。

二、武威文庙匾额集中保存下来的经过

1949 年以前，武威文庙设有文庙管理委员会、民众教育馆。1949 年以后，除设立的文物管理委员会、文物保管所外，各级政府都曾多次拨款，对文庙进行维修保护。

1956 年左右，武威成立了文物保管所，文昌宫的桂籍殿就是文物保管所的办公地点。当时为了保护这些匾额，党寿山等人就将整个匾下面用顶棚糊起来，之后还对外部的门窗加固了钢筋。党寿山等人还将一些匾额上面刷一层白灰，掩盖一些文字。通过多种方式，党寿山等人让武威文庙桂籍殿下的 40 块匾额保存至今。

三、武威文庙匾额时间跨度及各朝代数量

武威文庙桂籍殿及牌坊的 52 块匾额题写日期，上起清康熙五十七年（1718 年）的"万世文宗"匾，下迄中华民国二十八年（1939 年）的"文教开宗"匾，年代跨越 300 多年。多数集中在康雍乾嘉道时期的 30 多块，其余是清末至近现代的 10 来块。

表 1　武威文庙匾额一览表

朝代	年号（时间）	敬献者	敬献者身份	匾额内容	备注
清朝时期	康熙五十七年（1718 年）	广陵范仕佳		万世文宗	
	康熙五十八年（1719 年）	王承举	国学弟子	化峻天枢	
	雍正元年（1723 年）			阳春一曲	乾隆二十二年（1757 年）重刊
	雍正元年（1723 年）	刘大海 刘大源	国学弟子、乡学弟子	彩彻枢衡	
	雍正九年（1731 年）	文昌会众姓信士弟子		德盛化神	

朝代	年号（时间）	敬献者	敬献者身份	匾额内容	备注
清朝时期	乾隆四年（1739年）	潘荣贵 王守曾	信士弟子，特简文林郎、知武威县事	司文章命	潘荣贵等叩献，王守曾书
	乾隆四年（1739年）	信士弟子 郑松龄	信士弟子，中宁大夫知、凉州府事	掌仙桂籍	信士弟子叩献，郑松龄书
	乾隆十一年（1746年）	欧阳永祎，李如珽，曾国倛	凉州知府，武威县知县，拔贡	文明长昼	欧阳永祎、李如珽谨献，曾国倛书
	乾隆十七年（1752年）	何德新 同知傅	凉州府事，凉州理事	彩振台衡	何德新特授同知傅显敬
	乾隆二十一年（1756年）	李焕彩 康伯臣	信士，廪膳生员	文昌帝君赞	李焕彩等诚敬，康伯臣书，匾文246字
	乾隆二十二年（1757年）	康伯臣	廪膳生员	阴隲下民帝德广运	康伯臣书
	乾隆二十五年（1760年）	康伯臣 永宁	郡庠廪膳生员，凉州府武威知县	学宗衍圣	康伯臣书，永宁撰
	乾隆三十四年（1769年）	景瑞	予告合水教	炳呈斗上	景瑞书
	乾隆三十五年（1770年）	石复贤	凉州府儒学训导	曜握斯文	石复贤书
	乾隆三十五年（1770年）	葛善应 曾国杰	武威县儒学教谕，吏部候选县丞	光接三台	葛善应撰，曾国杰书
	乾隆三十七年（1772年）	曾国杰 马开泰	国学生，拔贡生	瑞预化成 先天炳蔚	曾国杰撰，马开泰书
	乾隆四十年（1775年）	王汝地	凉州府武威县知县	辉腾七曲	
	乾隆四十八年（1783年）	王惇典	举人	光联奎璧	
	乾隆四十八年（1783年）	王安栋	国学弟子	天象文人	
	嘉庆三年（1798年）	乡国学信士弟子		纲维名教	
	嘉庆十一年（1806年）	刘大懿	甘肃按察使司按察使、前分守甘凉兵备道	聚精扬纪	刘大懿书，此匾为中华名匾
	嘉庆十三年（1808年）	乡国学弟子		书城不夜	此匾为中华名匾
	道光元年（1821年）	张美如		云汉天章	

朝代	年号（时间）	敬献者	敬献者身份	匾额内容	备注
清朝时期	道光四年（1824年）				文昌宫所存家具什物明细匾、道光四年（1824年）信众捐献财物公示匾
	道光七年（1827年）	乡国学		辉增西垣	
	道光十年（1830年）	乡国学，赵永年		贵相太常	乡国学敬献叩献，赵永年书
	道光十年（1830年）	乡国学信士弟子		孝友文章	
	道光乙未年（1835年）	王三益		人文化成	王三益书
	道光十六年（1836年）	李宗昉	赐进士及第、光禄大夫、都察院左都御史	桂箓垂青	李宗昉书
	道光十九年（1839年）	牛鉴	赐进士出身、兵部侍郎兼都察院右副都御史、巡抚河南等处兼理提督军务、前翰林院编修、国使馆纂修	天下文明	牛鉴书
	道光二十二年(1842年)	刘澄原		诞敷文德	刘澄原书
	咸丰七年（1857年）	乡国学信士弟子		经天纬地	
	咸丰十年（1860年）	乡国学		辉映梯峰	
	同治十二年（1873年）	赵国玺		牖启人文	赵国玺书
	宣统元年（1909年）	王步瀛	赐进士出身、凉州府事、郿县	文以载道	王步瀛题
民国时期	民国三年（1914年）	权尚忠		辅元开化	权尚忠书
	民国四年（1915年）	经理斋社长		神有鉴衡	
	民国六年（1917年）	武邑学款管理所各员		文明以正	
	民国十二年（1923年）	高自卑		斡旋文运	高自卑书
	民国二十一年(1932年)	武威学款保管委员会，贾坛		为斯文宰	武威学款保管委员会敬叩，贾坛书
	民国二十八年（1939年）	教育经费保管委员会，段永新		文教开宗	教育经费保管委员会叩献，段永新书

四、武威文庙匾额释读

武威文庙保存下来的这些匾额在河西地区乃至全国都是最完整、内容最丰富的匾额集群。其中"聚精扬纪""书城不夜"被收入《中华名匾》。这些匾额的内容主要是赞美文庙建筑，弘扬孔子大德，盛赞武威文化，激励人民奋发进取，寄托了古代文人学子科举高中、月中折桂的理想和追求。

1. 万世文宗

该匾为木质，制作于康熙五十七年（1718年）九月，悬于文昌宫桂籍殿门正上方。匾底为朱红色，匾文、注字均采用金粉书写。该匾四周单框为蓝绿色，外框阳刻我国古代"暗八仙"及其法器四件，匾额书写者暂未可知，匾额内容为：

（匾文）万世文宗
（上款）监督凉州等处仓场巩昌府加五次纪录广陵范仕佳谨　献
（下款）康熙五十七年岁次戊戌阳月上浣穀旦之吉工竣庆谨立

该匾是武威文庙桂籍殿下悬挂的第一块匾额，也是开启武威文庙桂籍殿悬挂匾额的历史先河。该匾文赞扬了文昌帝君，将文昌奉为千秋万代受人尊崇的文教祖师，其意显然可与赞颂孔子"万世师表"相媲美。

那么，为文庙敬献这块匾额的广陵（今扬州）人范仕佳，是出于何种考虑呢？

范仕佳是扬州甘泉人，康熙五十三年（1714年）任凉州监屯同知，具体负责地方屯田、征收赋税、差派劳役等工作。康熙五十六年（1717年）冬天，准噶尔叛军控制了西藏，清廷派大军征讨，路过凉州，要求凉州地方快速供应粮草辎重。因为赋税和劳役的任务十分繁重,凉州百姓不堪承受,不免忧心忡忡。范仕佳看在眼里,急在心里。他积极协调联络,想尽一切办法,在没有过分增加百姓负担的情况下,圆满完成了为大军筹集粮草、承担赋役的任务。凉州百姓得知真相,无不对范仕佳感恩戴德。此外,范仕佳还十分关心地方文教事业,于是向武威文庙桂籍殿敬献"万世文宗"匾额。

康熙五十八年(1719年),征讨准噶尔的大军凯旋,但范仕佳却积劳成疾,病逝于任上。凉州百姓回忆起范仕佳为地方事业鞠躬尽瘁的情景,十分痛惜。他们一一列举出范仕佳的政绩,上书地方学政,要求将范仕佳归入名宦之列,为其建立祠堂,供民众祭祀。凉州地方官员深受感动,同意为范仕佳建祠。最终将范仕佳祠堂建在了官署旁边,凉州百姓又纷纷捐钱捐物,雕刻其塑像供人们祭祀。

乾隆十四年(1749年),武威人张玿美编修完成了《五凉考治六德集全志》(即《五凉全志》)。《五凉全志·武威县志》中收录了范仕佳的事迹:"范仕佳,凉州监屯同知。莅任逾年,军兴,凡采买挽运,以催科兼抚字。时大兵屯集,供应浩繁,动与民为难。公调剂有方,上不误公,下不累民,民相倚为命。卒于官,民复建祠署左以祀焉。"①

咸丰元年(1851年),历经一百三十二年风雨沧桑的范仕佳祠堂,由于年久失修,祠堂也破败不堪,房屋出现倒塌迹象。范仕佳生前十分关心支持文庙儒学院的教育事业,他的事迹在儒学院师生中间也是代代流传,因此儒学院一直在寻找机会维修范仕佳祠堂。当时甘凉观察使姓李,他阅读《武威县志》后,有感于范仕佳为国为民的赤子之心,钦佩之情油然而生。凉州儒学院师生也恰好请求重修范仕佳祠堂,得到了甘凉观察使的赞许采纳。重修方案批准之后,道台衙门在六月召集工匠,准备材料。经过几个月的紧张施工,工程于闰八月完工,维修后的范仕佳祠堂焕然一新。此前,祠堂旁有一处买卖场所,租费

---

① (清)张玿美总修,张克复等注:《五凉全志校注·武威县志·名宦》,甘肃人民出版社1999年版,第76页。

用来购买祭祀物品，但有中饱私囊的现象。官府决定收回房间，让凉州儒学院的生员与监生监督管理祠堂的祭祀事宜。这样一来，祭祀活动就会长期正常进行，不致废弃。

祠堂维修完成后，儒学院又委托清代武威学者李铭汉撰写维修经过及范仕佳的功绩，以便让后世永远铭记。李铭汉是清代武威经史学家、诗人。此前，李铭汉经历过八次乡试，终于在道光二十九年（1849年）夏，考中己酉科陕西乡试副榜，赐副贡生身份。虽然李铭汉科考之路异常艰辛，但在武威，却是吏民公认的大学者，由其为范仕佳撰碑记，实乃众望所归。

李铭汉接到撰记任务，为范仕佳为国尽忠、为民请命、任劳任怨的精神所感动。他经过一番认真考证，查阅了张玿美编纂的《五凉全志》，理清了事情的来龙去脉。李铭汉尽心竭力，一丝不苟，伏案写作，很快就完成一篇文笔优美、言简意赅的铭文文稿。这就是流传至今的《范公祠记》。现将全文摘录如下，以飨读者。

范公祠记

县署东范公祠，康熙中阖邑创修，以祀凉州卫监屯同知广陵范公者。按县志，公讳仕佳，莅任多惠政。五十六年冬，准噶尔蒙古侵西藏，大军自青海御之，道于凉，飞刍挽粟，赋役浩繁，公多方调剂，事集而下不扰。民相倚为命。五十八年，军方凯旋，公已积劳成疾，以其年卒于官。阖邑士庶，条其政绩，既请学宪，祠诸名官矣。又醵金立庙于署左，肖像以祀。迨今百三十余年，堂宇渐圮。旁有市廛一所，其租入本为岁时牲体之资，或且私有之。去岁冬甘凉观察北平李公，阅县志，得其略。阖学因禀请重修，收回市廛。俾学校办公生监，董其祀事，历经久远，期无湮废。观察公深嘉纳之，即蒙批准存案。道署夏六月鸠工庀材，改建堂三楹，广如旧，深加三之一，门垣唐涂悉修治之，闰八月讫工。因撮记颠末，镌木版嵌置于壁，使后之瞻礼者，知公之遗爱。久而弥新，即观察公表章循吏之微意，亦有所考见云。

咸丰元年九月　李铭汉撰

　　碑记内容完成后，人们将其镌刻在一块木板上，嵌入范仕佳祠堂的墙体之中，供人们瞻仰阅读。时过境迁，范仕佳祠堂等建筑早已湮灭在历史的长河之中，但范仕佳心系地方的感人事迹以及李铭汉撰写的铭文，却一直流传至今。

　　如今，当我们再次抬头品读武威文庙桂籍殿悬挂的"万世文宗"匾额，依旧会情不自禁地想到范仕佳的感人事迹；逐字阅读《五凉全志》中有关范仕佳的记载，也会感叹武威学者张玿美的家乡情怀；而为范仕佳祠堂撰写《范公祠记》的李铭汉虽然早已作古，但其故居也已维修一新，供人们参观瞻仰。从某种意义上来说，这也是一种文化的延续，文脉的传承。

　　2. 化峻天枢

　　该匾为木质，制作于康熙五十八年（1719年）二月。匾底为宝蓝色，匾文、注字及国学弟子姓名均采用金粉书写。形制为双框横式匾，内侧匾额边框稍窄，底色为暗黑色。匾框上下各阳刻有四条金色祥龙，周边间隔彩绘"暗八仙"法器八个。外侧边框较宽，上下各阳刻四条四爪金龙，左右两侧各阳刻两条四爪金龙。四周彩绘有祥云、牡丹等素材。匾文为楷体，笔触雄壮豪迈、一气呵成，十分壮观。匾额内容为：

（匾文）化峻天枢
（上款）康熙己亥岁二月朏日恭逢圣寿　献
（匾文下方国学弟子名单从略）

"化峻"中的"化"为教化、感化,"峻"本意为高而陡峭,此处借指高大。"天枢"本意为北斗第一星,旨在讴歌文昌帝君政教无私,以礼乐化民,选拔人才之大德,可谓高山仰止,辉耀北斗。《武威金石志》中认为,"朏日"是指农历每月初三的代称,而匾额中又写到"恭逢圣寿",可见该匾是为了祝贺康熙皇帝生辰敬献的。"康熙生日为农历三月十八日",故认为匾文中"二月朏日"应该是"三月朏日"。

3. 阳春一曲

该匾为木质,制作于雍正元年(1723年),乾隆二十二年(1757年)对其进行重刊并彩绘。匾底为暗黑色,匾文及其他注字均采用金粉书写。形制为单框横式匾,边框以铜绿、石青等两种颜色交替绘制,绘制有石榴、牡丹、莲花等8个图案。该匾上还有一方阳刻、一方阴刻名章,笔触潇洒飘逸,十分灵动。匾额内容为:

(匾文)阳春一曲
(上款)雍正元年岁次癸卯圣寿前二日立
(下款)乾隆二十二年丁丑二月朏日重刊并绘
(匾文两侧及下方随署人员名单从略)

"阳春"一词出自《楚辞·宋玉对楚王问》。当歌者唱《阳春》《白雪》时,国中随和者不过十人,即曲高和寡之意。"阳春"取万物知春、和风淡然之意。该匾文比喻文昌帝君主宰文运、施行礼乐教化、选拔才俊的丰功伟绩,犹如高雅深沉、优美精湛的《阳春》之曲那样悦耳动听,犹如春风徐徐,令人拍案叫绝。

该匾上还记录了制作该匾的督工、工匠、候补训导等人，以及儒士生员，将当时凉州府武威县的主要儒学教官和生员都记载了下来，还保留了两方名章，属匾额中的精品之作。

4. 彩彻枢衡

该匾为木质，制作于雍正元年（1723年）。匾底为青蓝色，匾文及其他注字均采用金粉书写。形制为双框横式匾。内侧边框以铜绿色为底，上面阳刻有牡丹花卉以及卷轴、木鱼、如意、典籍等。外侧边框较窄，平铺彩绘祥云图案。匾文笔法形状较细，一气呵成。匾额内容为：

（匾文）彩彻枢衡
（上款）国学弟子刘大海　乡学弟子刘大源等谨叩　献
（下款）雍正元年岁次癸卯瓜月中浣穀旦
（匾文右下方随署人员名单略）

"彩"即彩色，"彻"意为贯通、贯穿。"枢衡"中的"枢"是指北斗七星第一星，即天枢星。"衡"有北斗七星的第五星之意。因此，该匾文旨在表达的意思是人间和天上是相通的，士子们的文采通射北斗枢衡，彰显文星长曜、科考兴盛、俊才万千之意。匾额注文中的刘大海、刘大源，为武威人，前者为官学生、后者为地方学校学生。

5. 德盛化神

该匾为木质,制作于雍正九年(1731年)。匾底为暗黑色,匾文及其他注字均采用金粉书写。形制为双框横式匾,内侧边框较窄,以朱红色为底,上下刻有卷轴、葫芦、古钟、典籍,以及左右两侧均为一对蝴蝶、两柄如意并描绘有花卉纹饰。外侧边框较宽,以青绿色为底,上雕刻两条凤、下雕刻两条龙,左右各镌刻一对凤,平铺彩绘六边形龟形纹饰。匾文笔法修长有力。匾额内容为:

(匾文)德盛化神
(上款)文昌会众姓信士弟子圣寿　献
(下款)雍正九年岁次辛亥花月上浣吉旦
(匾文下方文昌会众姓弟子名单从略)

"德盛"是指具有最高智慧和道德高尚的人。"化神"中的"化"是指以德化人,"神"是指神灵、天神,也可以引申理解为不平凡的、具有高超能力的,代指创造万物的能力。此匾文,意为文昌行礼乐教化导民的盛德,使得天下人都得到感化,走向文明、智慧,进而达到一种与众不同的境界和能力。

6. 司文章命

该匾为木质,制作于乾隆四年(1739年)二月。匾底为暗黑色,匾文及其他注字均采用金粉书写。形制为无边框横式匾,匾额左侧注文下方有两块一阴一阳名章。该匾文笔法娟秀方正。匾额内容为:

（匾文）司文章命
（上款）赐进士出身同知管凉州府水利屯田通判加一级纪录三次傅树崇撰
特简文林郎知武威县事加一级纪录三次宛平王守曾书
（下款）乾隆四年岁次己未二月上浣吉旦
信吏弟子叩　献
（匾文下方信吏弟子名单从略）

据匾额注文可知，匾额撰者为傅树崇，字林宗，号嵩樵，河南登封人。康熙五十七年（1718年）进士。雍正十一年（1733年）任武威知县，捷于判断，力除陋习，教课生儒，多所裨益。后迁镇番柳湖水利厅[①]，专管屯田，"栉风沐雨，先劳弗倦，教民耕获及时，屯收数倍于前。有《柳林湖赋》及《屯田记》，文章经纬，具见一斑"[②]。匾额所谓"同知管凉州府水利屯田通判"，即指傅树崇以同知衔管柳林湖屯田通判事。五年（1740年）补宁夏府西路同知[③]，八年（1743年）卒于任，人称廉吏。

匾额书写者为王守曾，《五凉全志校注》记载："王守曾，顺天宛平，附学

[①] 张玿美修，曾钧等纂：乾隆《武威县志·官师志》，清乾隆十四年（1749年）刻本。
[②] 陆继萼修，洪亮吉纂：乾隆《登封县志》卷二六《丽藻录》，清乾隆五十二年（1787年）刻本。
[③]《清高宗实录》卷一百十，乾隆五年（1740年）二月甲申条，中华书局1986年影印本。按:《甘肃新通志》卷五二《职官志》载，傅树崇乾隆四年任凉州知府，然《清实录》及乾隆各志书均未有载，存之俟考。

生，乾隆二年任。"①

该匾额是进献给"文昌帝君"的。"文章司命"是指掌管文脉和功名利禄的神。"司"意为主管。该匾文的含义是文昌帝君辅天行化，掌管文教、礼仪、开科选俊，评点天下文章，文人的前途命运，皆由他裁决。

"司文章命"匾额，正是进献给文昌宫内供奉的"文昌帝君"的，正文上面单独写了一个"献"字，进献人则说"信吏弟子叩"。

文昌帝君，又称更生永命天尊，是中国民间和道教尊奉的掌管士人功名禄位之神。文昌帝君"司文章命"，意思就是掌管文人士子的文章和命运。文昌帝君，辅天行化，掌管文教、礼仪，开科选才选俊，评点应试者的文章，决定文人士子的前途命运。

两宋以前，"文昌"仅仅只是三垣二十八宿之一，其虽象征文学，但并非人格神祇。文昌，原是天上六星之总称，即文昌宫。一说在北斗魁前，一说在北斗之左。六星各有星名，称上将、次将、贵相、司命、司中、司禄等。

文昌帝君作为人格化的神祇，则与"梓潼帝君"有关。《明史·礼志》称，"神姓张名亚子，居蜀七曲山。仕晋战没，人为立庙。"

张亚子即蜀人张育，东晋宁康二年（374年）自称蜀王，起义抗击前秦苻坚时战死。后人为纪念张育，即于梓潼郡七曲山建祠，尊奉其为雷泽龙王。后张育祠与同山之梓潼神亚子祠合称，张育即传称张亚子。

唐玄宗入蜀时，途经七曲山，有感于张亚子英烈，遂追封其为左丞相，并重加祭祀。唐僖宗避乱入蜀时，经七曲山又亲祀梓潼神，封张亚子为济顺王，并亲解佩剑献神。

宋朝帝王多有敕封，如宋真宗封亚子为英显武烈王，宋光宗时封为忠文仁武孝德圣烈王，宋理宗时封为神文圣武孝德忠仁王。

---

① （清）张玿美总修，张克复等注：《五凉全志校注·武威县志·秩官》，甘肃人民出版社1999年版，第76页。

元仁宗延祐三年（1316年）敕封张亚子为辅元开化文昌司禄宏仁帝君。于是梓潼神张亚子遂被称为文昌帝君。

元明以后，随着科举制度的规模化和制度化，对于文昌帝君的奉祀也逐渐普遍。各地都建有文昌宫、文昌阁或文昌祠，其中以四川梓潼县七曲山的文昌宫规模最大。

一些乡间书院和私塾也都供奉文昌神像或神位，其间虽时有兴废，但因文章司命，贵贱所系，所以一直奉祀不衰。旧时每年二月初三日为文昌帝君神诞之日，官府和当地文人学士都要到供奉文昌帝君的庙宇奉祀，或吟诗作文，举行文昌会。作为"陇右学宫之冠"的武威文庙，既有供奉孔子及其弟子的文庙，也有供奉文昌帝君的文昌宫。每年二月初三文昌帝君诞辰之日，学子们祭祀文昌帝君，进献匾额，祈求科举高中，应该是常态化的活动。

匾文"司文章命"用行书书写，字体刚硬，铁骨铮铮。落款文字较多，显示了撰稿人、书写人、书写时间、进献人等丰富的信息。因该匾四角没有装饰纹样，整体感觉质朴大方。

7. 掌仙桂籍

该匾为木质，制作于乾隆四年（1739年）二月。匾底为暗黑色，匾文及其他注字均采用金粉书写。形制为无边框横式匾。匾额以楷书题写正文，笔法流畅方正。楷书题款，左侧匾额注文下有一阴一阳两个名章。整体匾额文字搭配别致，色彩庄重而极显大气。匾额内容为：

（匾文）掌仙桂籍
（上款）中宪大夫知凉州府事加二级纪录四次郑松龄撰书
（下款）乾隆四年岁次己未二月上浣吉旦
信吏弟子叩　献
（匾文下方信士弟子名单从略）

"掌仙桂籍"匾中的"掌"有掌握、执掌与主管之意，而"仙桂籍"被认为是古人对于"桂籍"的美称。如宋代汪真的《神童诗》中有："大比因时举，乡书以类升；名题仙桂籍，天府快先登。"而执掌科举登第人员名籍的正是文昌帝君。因此，此匾主要讴歌的是文昌帝君招贤纳才、任人唯贤之美德，并有激励莘莘学子以勤奋读书，蟾宫折桂，名入桂籍之意。

此匾的题写者是当时的凉州知府郑松龄，即匾额中所记载的"中宪大夫知凉州府事加二级记录四次郑松龄"。郑松龄，雍正四年（1726年）任武威县知县，雍正十一年（1733年）又升任凉州知府。而与郑松龄一起敬献这块匾额的其他十二人，通过对桂籍殿内同类匾额敬献群体分析，这十二人可能也为当时武威的士绅名流，在当地应有着极高的威望、影响力与话语权，代表的应是武威当地的精英阶层，他们中间的一部分人正是通过科举走上了仕途。因此，在取得成功后，他们比一般的平民更能体会到科举的价值，也更能重视文化教育。

古代祝福科考中举的词语中，经常可见"蟾宫折桂""仙桂高折"等词语。其中的蟾宫，是指月宫，而"桂"或"仙桂"指的就是月宫中的桂树。关于月宫中有桂树的传说，唐代段成式《酉阳杂俎》记载："旧言月中有桂，有蟾蜍，故异书言月桂高五百丈，下有一人常斫之，树创随合。"以后，元代施惠《幽闺记·士女随迁》："镇朝经暮史，寐晚兴夙，拟蟾宫折桂之梯步。"明朝谢谠《四喜记·乡荐荣欢》："蟾宫扳桂折高枝，书香还有继，天道岂无知。"

那么，科举及第怎么会与"仙桂"联系在一起呢？主要是因为古代的科考本来难度就很大，便有文人牵强附会，将科举及第比作犹如"月中折桂"。以后，又将科举及第人员的名籍称作了"桂籍"。如宋代徐铉《庐陵别朱观先辈》诗中有："桂籍知名有几人，翻飞相续上青云。"《宋史》卷四百八十七："陛下以其万里辞家，十年观国，俾登名于桂籍，仍命秩于芸台。"清纪昀《阅微草堂笔记·滦阳消夏录一》："尔读圣贤书，一恕字尚不能解，何以挂名桂籍耶？"根据上述几处引文，可见"桂籍"应是与科举及第人员的名籍有关，而一般所谓的"名登桂籍""名入桂籍"即指科考中举。

诸多想求取功名的各地学子们，为了在激烈的竞争当中能够脱颖而出，莫不在自身努力读书之外，祈求各种神明的帮助。其中，最重要的当属对于文昌帝君的信奉。文昌帝君，又称梓潼帝君，是民间和道教尊奉的掌管士人功名禄位之神。《高上大洞文昌司禄紫阳宝箓》载：文昌帝君既职掌桂籍，掌判众生学业事业，亦会同三元五帝，考校众生己身及父母族属世代历劫的德行阴骘，以兴文儒而擢贵品，赐福禄于善德，掌众生兴衰命运。另外，《历代神仙通鉴》认为文昌帝君是："上主三十三天仙籍，中主人间寿夭祸福，下主十八狱轮回。"由此可见，在当时人们的心目中，但凡世间之乡举里选，大比制科，学业事业，封赠奏予，乃至人间祸福、命运等等，都归文昌帝君管理。因此，文昌帝君在士人心中信仰已久，且影响范围遍及全中国。以后道教亦将其纳入道教神祇之一，尊为"文昌帝君"，在清代时被正式纳为国家正祀。由于文昌帝君其灵验、神妙的力量，千百年来，凡求科甲及第，谋求功名之人，莫不虔诚供奉文昌帝君，以祈增慧开智，金榜高中，福荫门庭。

由于文昌帝君掌管科举考试人们的功名利禄，掌天曹桂籍文昌之事，供奉文昌帝君的武威文庙文昌宫，就成为保佑当地科举考试的读书人能够"蟾宫折桂""登科及第"的最佳场所。又因为文昌帝君掌管科考及第人员的名籍，则文庙文昌阁又被称作了"桂籍殿"。

"掌仙桂籍"匾除了体现当时儒家文化在河西走廊的传播盛况外，从另一个方面也反映了清政府在汉化的过程中体制上的包容与开明，鼓励学子通过学优取仕踏入上层社会的功名科举思想，也是清代凉州府重视教育、鼓励子弟积极进取的学风文风的反映。

8. 文明长昼

该匾为木质，制作于乾隆十一年（1746年）二月。匾底为朱红色，匾文及其他注字均采用金粉书写。形制为双边框横式匾，两边框宽窄相差无几。内侧边框底色为青绿色，上面镌刻白海螺、书卷、如意、芭蕉扇、羽扇等内容。外侧边框以宝蓝色为底色，上下各镌刻并绘有游龙一只、蝴蝶四个、牡丹及鸟兽四组，左右各镌刻聚宝盆两尊、左松右葡等意向。左右两侧还有附联，附联匾额底色为暗黑色。其文字均采用金粉书写，附联也是双边框竖式匾。左右两联均盖有名章，其中附联内侧边框为朱红底色，绘制回字形纹饰并在上下左右绘制八只白鹤图案。外侧边框以淡蓝色为底，上面绘制并镌刻八卦、聚宝瓶、石榴等图案。匾额以行书题写，笔法苍劲有力。整体匾额文字、雕饰搭配别致，色彩庄重而极显大气。匾额内容为：

（匾文）文明长昼
（上款）特授陕西甘肃凉州知府纪录二次欧阳永祎
陕西甘肃凉州府武威县知县李如珽谨　献
（下款）乾隆十一年岁次丙寅花月上浣吉旦　甲寅科拔贡曾国倰敬书
（匾额右附联）扬纪聚精戴匡斡斗　李蕴芳薰沐敬题
（匾额左附联）篆检金函衡平玉纽　丙寅花月吉旦
（两侧八字联语下方人员名单从略）

"文明长昼"中的"文明"一词出现较早,《周易·乾》"见龙在田,天下文明",后孔颖达疏"天下文明者,阳气在田,始生万物,故天下有文章而光明也"。因此,在我国历史中,"文明"一词起初的含义为文采光明,指的就是颇具文采之文章及文采之学士。"长昼"的意思很容易理解,就是极长的白昼,形容一直处于光亮之中。因此,该匾文意为文昌帝君如日月普照大地,将世界化为一个文化发达、教育兴盛、经济繁荣、国泰民安的文明世界。

匾文中提到的欧阳永祎,曾任武威县令和凉州知府。《五凉全志校注》记载:"欧阳永祎,广西马平人,拔贡。吏治精勤。初为武威令,四乡分立以学,培文教。于城隍庙倡义修铺,课金以资乡、会路费。乡饮废久,至公始举行。乾隆十五年升任。示《俭约》四条。率属捐俸,增修试号,俾应考者无风雨之苦。立社仓,劝绅士捐粟备荒。檄五属置留养所,以惠流寓孤贫。后调平凉,士民攀辕流涕,络绎数十里。"[1]

由此可知,欧阳永祎在凉州为官期间,不仅兴文教、设义学,还修葺士人考试院所,改善考试环境,使应试学子免受风餐露宿。与此同时还设立义仓,倡捐备荒,设置留养所,收留无家可归、鳏寡孤独之人。

乾隆十年(1745年)左右,欧阳永祎有感于凉州老百姓"俗尚奢侈,不知节俭",多数人过着"眼前徒好看,日后受饥寒"的生活,因此有很多积贫积弱的家庭出现。于是提倡节俭,剔除恶习,并亲自制订条例,使老百姓去奢就俭,移风易俗。在《敦节俭条约》中欧阳永祎提出对日常生活中常见的丧祭、嫁娶、酬酢等方面风俗习惯的观点和认识,先列举奢靡的行为表现及其不良后果,然后订立条约,倡导绅衿士庶共同遵守,既不使礼仪有失,也不必过分靡费。碑文中还说到了赌博恶习,并提出"尤宜切戒"。这些措施,无疑对倡导健康生活方式和礼仪交往,引导社会风俗方面发挥着积极作用。欧阳永祎先任

---

[1] (清)张玿美总修,张克复等注:《五凉全志校注·武威县志·秩官》,甘肃人民出版社1999年版,第76页。

武威县知县数年后，易地为官，嗣后几年又到武威任知府。欧阳永裯作为凉州百姓的父母官，真正将百姓的疾苦、安乐放在心上，为官清廉律己、乐善好施，受到百姓爱戴。

李如琎，字汝阳，浙江山阴（今绍兴）人，监生，乾隆八年（1743年）任武威县知县。据乾隆十六年（1751年）七月《重修文庙祭田碑记》载，因武威文庙有祭田始于明成化年间，创制者为时任都察院佥都御史徐廷章。之后，凡元旦、诞辰、春秋两季均进行祭祀活动。后来由于明末清初兵燹四起，祭田佃户四散逃命，祭田遂被周围住户侵占。后经道宪苏铣、武廷适等人屡次努力清缴，成效甚微。但圣庙之祀不能断。后来，在李如琎、刘以璋等人的努力下，酌定条约、革退弊佃、另给印照、招佃承租。从此，清代文庙祭祀又恢复正常。由此可见，作为武威知县的李如琎也十分关心文教发展、百姓生活。

欧阳永裯、李如琎作为武威的地方官，有感于当时文教兴盛、学风鼎盛、人才辈出等现象，敬献此匾。遂在乾隆初年邀请曾国俅泼墨写下"文明长昼"四个大字，笔触苍劲有力、豪迈洒脱，令人肃然起敬。左右附联内容也十分精练，饱含期许。"扬纪聚精戴匡斡斗，篆检金函衡平玉纽"，意思是勉励学子们奋发图强，勤学好问，争取能够高中状元、扬名文昌宫内，为官之后要心系百姓、为政清廉、权衡利弊、造福一方。此块匾额的内容充分彰显了当时武威地区重视教育、学风鼎盛的书香气息，与此同时也对后来莘莘学子寄予厚望，能够学有所成，惠泽故里。

9. 彩振台衡

该匾为木质，制作于乾隆十七年（1752年）九月。匾底为宝蓝色，匾文及其他注字均采用金粉书写。形制为双边框横式匾。内侧边框稍窄，内侧边框底色为青绿色，上下各镌刻四只展翅金凤，左右各镌刻一只展翅金凤。外侧边框稍宽，以宝蓝色为底色，上下各镌刻四只蝴蝶、牡丹、雉鸡、鹦鹉，对人物等进行彩绘，左右各镌刻葡萄枝以及花卉等，四角镌刻绘制四只蝴蝶。左右两侧还有附联，附联匾额底色为青绿色，其文字均采用金粉书写。匾额以行书题写正文，笔法雄浑有力。整体匾额文字、雕饰华丽，色彩庄重而极显大气。匾额内容为：

（匾文）彩振台衡
（上款）赐进士出身翰林院检讨加一级监察御史知甘肃凉州府事何德新
特授甘肃凉州理事同知兼摄武威县事军功议叙加三级纪录傅显敬　献
（下款）乾隆十七年岁次壬申菊月中浣吉旦补修彩绘工竣立　主持僧明珍
（上联）文壁突成天作柱
（下联）灵光摇聿笔为椽
（两侧刻录人员从略）

"彩振台衡"中的"彩"即文采，文章才华。"振"有摇动、振动、奋起之意，亦同"震"，震撼、震惊。"台衡"喻宰辅大臣。台，三台星；衡，玉衡，北斗杓三星。皆位于紫微宫帝座前。该匾文意为士子们的文章才华震撼着宰辅大臣；或士子们得了好运（中举、进士及第），连在朝的宰辅大臣也受到震撼。以激励天下学子树雄心，立壮志，奋起夺魁，让宰辅大臣刮目相看。

该匾的书写者何德新，字晖吉，号西岚子，贵州开州（今开阳）人。乾隆十年（1745年）进士。十三年（1748年）授检讨[①]，旋记名御史。十四年（1749年）十月补授凉州知府[②]，任内勤于民事，创办西凉书院，聘张珂美为山长，文风为之一新。著《西凉集》，记甘凉山川、人民、物产、古迹等事。张珂美序云"（是集）不事结构，不事雕琢，自然工雅，时有壮凉激越之调，流露于笔

[①]《清高宗实录》卷一百十，乾隆十三年（1748年）五月庚子条。
[②] 秦国经主编：《清代官员履历档案全编2》，华东师范大学出版社1997年版，第21页。

歌墨舞之间"①，评价不可谓不高。十八年（1753 年），调甘州知府，因事革职。二十五年（1760 年）复官，出为湖南永州知府，卒于任②。

10. 文昌帝君赞

该匾为木质，制作于乾隆二十一年（1756 年）五月。匾底为宝蓝色，匾文及其他注字均采用金粉书写。形制为双边框横式匾。内侧边框稍窄，内侧边框底色为青绿色，镌刻并彩绘"暗八仙"及花卉、云纹等。外侧边框稍宽，以宝蓝色为底色，上下各镌刻并绘有展翅金凤四只及云纹、间隔镌刻有"寿"字形图案及纹饰。匾额以楷书题写正文，其上镌刻有一阴一阳两方名章，匾文笔法娟秀灵动。整体匾额色彩庄重大气。匾额内容为：

（匾文）恭题文昌帝君赞

遥开碧落，高矗青烟。文章翊运，宝篆增妍。遴才选俊，絜度衡权。耿光德教，佑启英贤。昭应于今，为烈合符，自昔已然。钦惟：

帝君敷文下土，阐化九天。出现本帝廷之命，始元分太乙之玄。为大夫者世延一十七，司命脉者统计亿万千！洋洋大训，穆穆遗篇。生民利赖，舟济巨川。无偏无党，齐圣广渊。锡功名于阴骘，显福报于青钱。焕乎，金光之普照！允矣，藜杖之深燃！伏愿：

文星长曜，奎宿高悬。人才鹊起，科第蝉联。得时则驾，骋步登先。扶斯文于奕世，永厘祝于千年！

乾隆二十一年岁次丙子蒲月上浣吉旦

信士李焕彩等偕男餲馥、馨碕，孙维翰、鬻诚敬

凉庠廪膳生员康伯臣薰沐敬撰并书

---

① 刘显世修，任可澄纂：民国《贵州通志》卷一三二《艺文志》，民国三十七年（1948）铅印本。

② 道光《贵阳府志》卷七十七《二何传》。

"恭题文昌帝君赞"是巨匾长卷，用词华丽，寓意丰富，全文 240 多字，篇幅之巨，在传统匾额中是很罕见的。匾文赞颂文昌帝君行礼乐教化，使普天下得到感化，由野蛮走向文明的盛德伟业，"无偏无党，齐圣广渊；锡功名于阴骘，显福报于青钱"的风范，勉励学子多积阴功善德，发奋努力，"得时则驾，骋步登先"，为武威"扶斯文于奕世，永厘祝于千年"做出贡献。尊崇文昌帝君，表面上是文人希望能够在文昌神祇的佑护下，文运昌盛，博取功名，实际上却表达了清代社会文人诗书传家、功成名就的理想与价值观。

现将匾文释读如下：

遥看如碧玉似的云天，仿佛高矗的九霄天上也显示出了大吉之兆。掌管文教事业的文昌帝君在文辞中也蕴含着运势，用符箓为其增光添彩。文昌帝君选拔才俊，秉持公平衡量，并无私心，他广布德化，保佑启迪着英才贤士，对应到现如今，培育了亿万英贤，这也是历史作出的公正评断。

文昌帝君的文辞遍布天下，并以此阐扬教化世间四方众人。他的出现是受命于天，从天地混沌开始之初，主宰文教已有十七世之传，主管着上亿千万人的文脉。劝世人重视文明的训语如汪洋大海，还有诸多语言和美的华章宝篇。百姓所依赖生计之道，是因为舟船能够在大河中行驶。文昌帝君没有偏私、没有党羽，他德化之功德，可与圣王成汤比美，教化的恩泽也如无边的江河深渊。荫庇天下学子，让有才学的人能够得到功名。炳焕明亮，如阳光普照。诚心可鉴，犹如藜杖之燎燃。唯愿：

让文曲星永远照耀人寰，让奎宿永远在天空高悬。英才鹊起般生命兴起、层出不穷，科举考试联报捷，犹如蝉联。若得天时应早乘驾为国效劳，捷足先登者必然宏图大展，以法纪，扶斯文万代相传，嘱祝厘，把文昌永远纪念。

匾文中出现的"信士李焕彩",武威人,热心地方文化事业,曾倡导维修大云寺古钟楼。康伯臣,武威人,廪膳生员,地方名士。

11. 阴骘下民

该匾为木质,制作于乾隆二十二年(1757年)十月。匾底为米白色,匾文及其他注字使用墨色、朱红书写。形制为双边框横式匾。内侧边框稍窄,内侧为回字纹。外侧边框稍宽,并彩绘有文房四宝等图案。该匾以楷书题写正文,匾文笔法流畅大气。匾额内容为:

(匾文)阴骘下民
(下款)乾隆二十二年岁次丁丑孟冬月上浣吉旦立
廪膳生员康伯臣敬书
信弟子谨　献
(匾文下方及两侧相关人员、官职从略)

匾制作于乾隆二十二年(1757年)十月。"阴骘"是指上苍默默安定下民,转指阴德之意。匾文意为文昌帝君默默地为天下万民做好事,如春风化雨,桃李满人间,天下人无不感恩戴德。

12. 帝德广运

该匾为木质,制作于乾隆二十二年(1757年)十月。匾底为米白色,匾文及其他注字使用墨色、朱红书写。形制为双边框横式匾。内侧边框稍窄,内侧为回纹造型。外侧边框稍宽,并彩绘有文房四宝等图案。左右各绘制一个花瓶及花卉等。匾额以楷书题写正文,匾文笔法流畅大气。匾额内容为:

（匾文）帝德广运
（下款）乾隆二十二年岁次丁丑孟冬月上浣吉旦
廪膳生员康伯臣敬书
凉州府信吏弟子　献
（匾文下方及两侧相关人员、功名从略）

"帝德广运"，源自《尚书·大禹谟》"帝德广运，乃圣乃神，乃文乃武"。其注曰："广为所覆者大，运为所及者远，东西为广，南北为运。"该匾文意为文昌帝君代天行礼乐教化之峻德，如日月之光照耀天下，如春风时雨泽及八方，惠润寰球，广达无边。

13. "学宗衍圣"

该匾为木质，制作于乾隆二十五年（1760年）二月。匾底为米白色，匾文及其他注字使用墨色、朱红书写。形制为双边框横式匾。内侧边框稍窄，内侧为回纹造型，外侧边框稍宽，并彩绘有文房四宝等图案，左右各绘制一个花瓶及花卉等。匾额以楷书题写正文，匾文笔法流畅大气。匾额内容为：

（匾文）学宗衍圣
（上款）文林郎知甘肃凉州府武威县事军功加三级纪录七次永宁敬撰
（下款）乾隆二十五年岁次庚辰夹钟朔旦敬立群庠廪膳生员康伯臣敬书
（匾额两侧镌刻文昌会人员名单从略）

"学宗"是指主宰文教和文人学者所敬仰的文昌帝君。"衍圣"即衍圣公，是孔子嫡长子孙的世袭封号。因武威文庙西有大成殿、东有桂籍殿，同出一庙之中，以此来称赞孔子的后代衍圣公如同学宗一样，将后世儒学之士与文昌帝君相比拟，充分表达了敬献者的美好愿景。

14. 炳呈斗上

该匾为木质，制作于乾隆三十四年（1769年）八月。匾底为宝蓝色，匾文及其他注字使用金粉书写。形制为双边框横式匾。内侧边框稍窄，内侧绘制雕刻花卉、云龙纹饰等，外侧边框稍宽，彩绘有花卉、禽鸟等图案等。上面镌刻两方一阴一阳名章，左右两侧各一附联。左侧附联上镌刻两方一阴一阳名章，右侧附联上有一方名章。匾额以楷书题写正文，匾文笔法方正有力。匾额内容为：

（匾文）炳呈斗上
（上款）乾隆三十四年岁次己丑桂月之吉敬立
（下款）予告合水教景瑞沐手敬书
（左右附联）玉燕石麟禄命从阴骘培起　潘江陆海文名自桂籍传来
乾隆己丑桂月之吉　廪膳弟子孙大经沐手敬书

"炳"有光明、炳焕之意。"呈"即呈现、呈上。"斗"指北斗星、三台星座和文昌星宫。该匾文之意是称道文昌的圣辉和教化的功德呈现在星斗之上，寓意天地同辉、未来前景美好。

附联中的"玉燕石麟"是指代表祥瑞之意。上联的意思是说，"玉燕石麟"的命运是从"阴骘"培养而得来的。"潘江陆海"是指才华横溢的人才。下联的意思是，无论是多么才华横溢、卓尔不凡的名声都是从桂籍殿中出来的。以此不仅彰显了文庙的教化作用，也更好地激励广大学子要勤奋学习。

匾文上的景瑞，字圣图，岁贡生，官至合水训导，"学品为人所称"。景瑞也是一位大书法家，"善书摹颜清臣，得其似，题榜字尤胜"。

15. 曜握斯文

该匾为木质，制作于乾隆三十五年（1770年）八月。匾底为朱红色，匾文及其他注字使用金粉书写。形制为双边框横式匾。内侧边框稍窄，内侧绘制雕刻花卉、云龙纹饰等，外侧边框稍宽，彩绘有花卉、禽鸟等图案等。上面镌刻两方一阴一阳名章，左右两侧各一附联。左侧附联上镌刻两方一阴一阳名章，右侧附联上有一方名章。匾额以行书题写正文，匾文笔法方正有力。匾额内容为：

（匾文）曜握斯文
（上款）乾隆三十五年又五月吉旦
（下款）乡国阁学补修工竣薰沐叩　凉州府儒学训导石渡贤敬书
（右侧附联）樵祀因隆彩缀西园凝藤翰
（左侧附联）星垣并照光辉北极耀文明
（两侧诗联人员、功名从略）

"曜握"中的"曜"意为日光、照耀，日、月、星均称"曜"。日、月、火、水、木、金、土七个星合称"七曜"，旧时分别用来称一个星期的七天。"握"为把握、掌管。"斯文"指古代礼乐制度。此匾文意为文昌帝君掌管天下斯文，他以礼乐法度教化民众，如同天上的日月五星光辉照耀人间、无处不在。

16. 光接三台

该匾为木质，制作于乾隆三十五年（1770年）闰五月。匾底为朱红色，匾文及其他注字使用金粉书写。形制为双边框横式匾。内侧边框稍窄，内侧上下对称的绘制雕刻螭纹 6 组、左右各 2 组等。外侧边框稍宽，彩绘有牡丹以及 6 位人物等图案等。左右两侧各一副联，匾额以楷书题写正文，匾文笔法遒劲洒脱。匾额内容为：

（匾文）光接三台
（上款）乾隆三十五年又五月吉旦
（下款）乡国合学补修工竣薰沐叩
（右侧附联）朗岂惟周久焕天章遥射斗　武威县儒学教谕葛善应敬撰
（左侧附联）炳非在宋专开文运预占星　吏部候选县丞曾国杰敬书
（两侧人员名单从略）

据匾文可知，此匾于乾隆三十五年（1770 年）闰五月，由武威县所有廪生在文庙修葺后进献。匾文大意为：文昌帝君之光辉如同天上的三台星相互映照。"三台"即三台星，共六星，属太微垣，分上台、中台、下台。按上、中、下三台各二星顺次为大熊座，亦称"三能"。主贵，为吉星。

附联主要歌颂孔子的德行。大意为：他的功绩岂止在周朝？早就焕发出好文采，遥映星斗；他的光耀也不仅仅是传到了宋代，专门负责开启文运，提前预测过星象。

附联用典，亦可做另外一种理解。上联大意为：郎岂仅是依据《周易》吗？他的其他好文章长久地焕发光芒，一直射到天上的北斗星。郎岂，字雅光，北海安丘（今山东）人，东汉经学家、占卜家。汉顺帝曾将郎岂征召到宫廷占灾异，他便引《周易》经传文陈述便宜七事。后被顺帝授为郎中。事见《后汉书·郎岂传》。

下联用"五星聚奎"典，大意为：文昌帝君不仅仅在宋朝专门大行文运，给予士子捷连进仕，观察天象，推论人事。明张岱《夜航船》卷一《天文部·象纬》载：

> 宋太祖乾德五年，五星聚于奎。初，窦俨与卢多逊、杨徽之，周显德中同为谏官。俨善推步星历，尝曰："丁卯岁五星聚奎，自此天下始太平。二拾遗见之，俨不与也。"

窦俨（919—960），字望之，蓟州渔阳（今天津蓟州）人。窦俨与兄窦仪，弟窦侃、窦偁、窦僖，相继登科，人称窦氏五龙、燕山五桂，即后世所称"五子登科"。《宋史·天文志》亦载："乾德五年三月，五星如连珠，聚于奎、娄之次。"

五星聚奎，发生在北宋乾德五年（967年）。此时窦俨已去世7年，可见他准确言中未来星象，也言中未来天下大势。经过五代十国的纷乱之争，北宋统一天下，此时出现五星聚奎，很多人都认为是祥瑞。这也就是所说的"国家将兴，必有祯祥"。五星聚于主文章的奎星，是"重启斯文之兆"。

该匾书写者为曾国杰，清代凉州府武威县人，善书法。潘挹奎《武威耆旧传》有曾氏传记，现录如下：

> 曾太学国杰，武威人。兄国侯，字御遴，拔贡生，工辞赋，著《离骚补注》，藏于家。国杰以善书，以兄其名。书仿魏晋，运笔圆美，又有遒劲之致。如武夫解兜鍪，袭儒者冠服，虽气象雍容而赳桓若故。[①]

传文虽然寥寥数句，非常简短，但重点记述了曾氏兄弟书法的特点。"光接三台"四字，便体现出曾国杰书法的"运笔圆美，又有遒劲之致"的艺术特征。曾国杰撰写这块匾文，意在希望凉州学子继续勤奋读书，考取功名。

---

① （清）潘挹奎：《武威耆旧传》卷二《曾太学国杰景明经瑞合传》，第175页。

17. 瑞预化成

该匾为木质，制作于乾隆三十七年（1772年）八月。匾底为宝蓝色，匾文及其他注字使用金粉书写。形制为双边框横式匾。内侧边框稍窄，彩绘有藤蔓枝纹饰，外侧边框稍宽，彩绘佛手、书籍、古钟、石榴、花瓶等图案。匾额以楷书题写正文，笔法严谨瘦峻。匾额内容为：

（匾文）瑞预化成
（上款）文昌香灯敬惜字纸会众姓叩
（下款）乾隆三十七年壬辰桂月吉旦
（右侧附）国学生曾国杰撰
（左侧附）拔贡生马开泰书
（匾文下方人员名单、两侧诗联及文昌香灯敬惜字纸会人员名单从略）

"瑞预化成"其"瑞"者，吉祥、吉利，有幸福美好之意。预，通"豫""与"，本义安乐。颜师古曰："预读曰豫。干也。""化成"二字，指教化成功，出自《周易》"观乎天文，以察时变；观乎人文，以化成天下"。意思是说通过教化干预，注重伦理道德学习，使人们的行为合乎文明礼仪，终能拥有吉祥并通向幸福美好的生活。

这块匾上敬献者达59人之多，能被镌刻在该匾额上的人物，也反映了这些群体在清代凉州府中的身份地位，具有一定的话语权，是科举制下凉州文化圈的精英阶层。撰者曾国杰、书者马开泰二人就值得研究。

国子监是元、明、清三代国家设立的最高学府和教育行政管理机构，又称"太学"或"国学"，因此国学生又名太学生。学生多由省、府、州、县学生员中选拔，亦有由捐纳而得者，有贡生、监生之分。曾国杰，清凉州府武威县（今武威凉州区）人，善书法。潘挹奎在《武威耆旧传》中对其人有所记载（详见"光接三台"匾释读）。

曾氏家族在武威很有名望，兄（曾国倓）弟（曾国杰）二人都善书法，而且工于辞赋。文庙藏匾中有多块是曾国杰撰或书，除了"瑞预化成"匾，乾隆三十五年（1770年）的"光接三台"匾下款识"吏部候选县丞曾国杰敬书"。乾隆三十七年（1772年）"先天炳蔚"匾也是"国学生曾国杰撰"。关于其兄曾国倓，乾隆十一年（1746年）的"文明长昼"匾下款识落有"曾国倓敬书"。现武威钟古楼上一块乾隆九年（1744年）秋的"大棒喝"匾，下款识也是"曾国倓书"。足见曾氏兄弟在武威本地的影响。

"拔贡生马开泰书"中的拔贡，是科举制度中选拔贡入国子监的生员的一种。清制，初定六年一次，乾隆七年（1742年）改为每十二年（即逢酉岁）一次，由各省学政选拔文行兼优的生员。贡入京师，称为拔贡生，简称拔贡。

18. 先天炳蔚

该匾为木质，制作于乾隆三十七年（1772年）八月。匾底为宝蓝色，匾文及其他注字使用金粉书写。形制为双边框横式匾。内侧边框稍窄，彩绘有牡丹及藤蔓枝纹饰，外侧边框稍宽，彩绘佛手、卷轴、棋盘、古钟、牡丹、花瓶等图案。匾额以楷书题写正文，匾文笔法严谨瘦峻。匾额内容为：

（匾文）先天炳蔚
（上款）文昌香灯敬惜字纸会众姓叩
（下款）乾隆三十七年壬辰桂月吉旦
（匾文下方及两侧人员名单从略）

"炳蔚"意为光明显著，文采华美。"炳"即焕发、光明、显耀；"蔚"即茂盛、文采。该匾文是称颂文昌帝君生来就是为所从事的文化教育工作，以及他与生俱来为神圣事业而奉献终身。以此来鼓励凉州学子应奋发向上，焕发文采。

19. 辉腾七曲

该匾为木质，制作于乾隆四十年（1775年）四月。匾底为米白色，匾文及其他注字使用墨色、朱红书写，上有两方名章无边框及雕饰。匾额以楷书题写正文，笔法严谨瘦峻。匾额内容为：

（匾文）辉腾七曲
（上款）乾隆四十年岁次乙未清和月上浣穀旦
（下款）特调凉州府武威县知县王汝地敬　　献

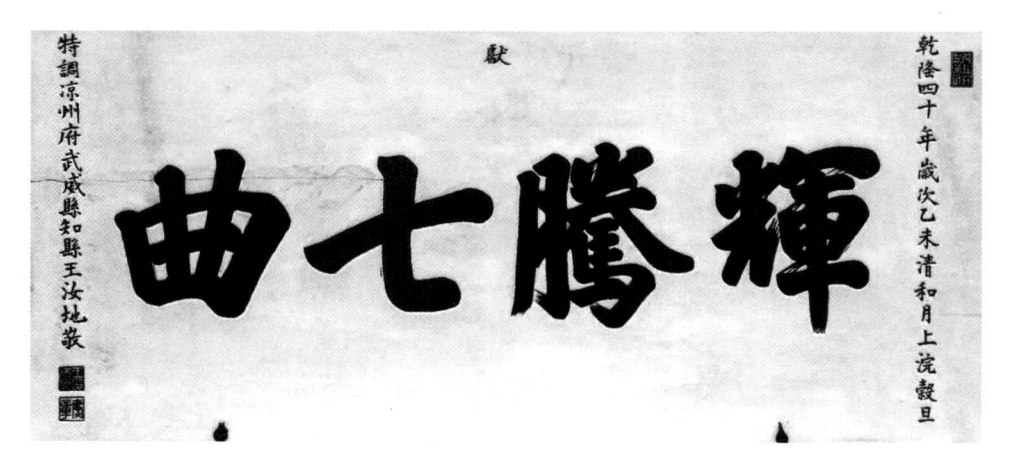

"辉腾"即腾辉，闪耀光辉（光芒）。此乃文昌帝君自家乡七曲山发射出来的吉祥飞腾的圣光。"七曲"即民间传说文昌帝君张亚子出生之地七曲山，位于四川梓潼县城北，为道教名山。《明史·礼志》："神姓张名亚子，居蜀七曲山"七曲小地，因诞生"万世文宗"而名扬四海，光芒万丈。"清和月"是农历四月的别称。此匾文主要称七曲山因诞生文昌帝君而名扬四海，成为历代学子心驰神往之地。

敬献者王汝地，原籍四川。任职知州时，时值乾隆四十六年（1781年）、乾隆四十七年（1782年）连续下令整治全国的贪污腐败案例，对甘肃的贪污大案进行查处，于是就查到了王汝地的头上。王汝地侵冒两万余两白银，被处以就地正法，其子被发遣伊犁。因此，如今武威文庙匾额中不再对外悬挂该匾。

20. 光联奎壁

该匾为木质，制作于乾隆四十八年（1783年）十一月。匾底为朱红色，匾文及其他注字使用宝蓝色书写。形制为单边框横式匾。边框较窄，上面雕饰有传统回字纹。匾额以楷书题写正文，匾文笔法遒劲有力。匾额内容为：

（匾文）光联奎壁
（上款）癸卯科举人王惇典敬　献
（下款）乾隆四十八年黄钟月榖旦

"光"即北斗星、文昌星、三台星座之光辉，"联"即联合。"奎壁"是指二十八宿中奎宿与壁宿的并称，旧谓二宿主文运，故常用以比喻文苑。该匾文隐喻武威文运兴旺，人文荟萃，科第联锦。看那耀眼的北斗七星、三台星和文昌星，它们的光辉同奎壁二星的光芒交相辉映，犹如日月五星合璧连珠一样美丽辉煌。作者期望武威科举考试连连及第，乡试、会试、殿试皆榜上有名，创造"三登科"佳绩。

21. 天象人文

该匾为木质，制作于乾隆四十八年（1783年）二月。匾底为宝蓝色，匾文及其他注字使用金粉书写。形制为双边框横式匾。内侧边框较窄，以朱红色为底，上下边框中雕饰有芭蕉扇、卷轴、书籍等。左右两侧各镌刻绘有花瓶一对，瓶中插有凤翎等装饰物。外侧边框稍宽，以宝蓝色为底，上面镌刻并绘制有玉兰、牡丹、梅花、荷花等花卉图案，还有松树以及人物形象的图案。匾额以楷书题写正文，匾文笔法娟秀流畅。匾额内容为：

（匾文）天象人文
（上款）乾隆岁次癸卯如月叩　献
（下款）国学弟子王安栋偕男作绘仁进垣功

"天象"是指古代星占家对天空发生的各种自然现象的泛称。此处是将其认为是万事万物的主宰者，与道家学说中的"气"相接近。"人文"指人类社会的各种文化现象，在此处是指礼乐教化。《周易·贲》："观乎天文，以察时变；观乎人文，以化成天下。"孔颖达疏："言圣人观察人文，则诗书礼乐之谓，当法此教而化成天下也。"该匾文的意思是仰观天象，星光灿烂，日月同辉，真是一派好景象！它象征着风调雨顺，国泰民安，文星炳曜，人文振兴。天下多少学子金榜题名，这是上天之垂怜赐爱啊！期望武威的莘莘学子，蒙受和仰赖这大好时光与文昌帝君的福音，奋起夺魁。

22.桂宫传箓

该匾为木质，制作于嘉庆二年（丁巳年，1797年）八月，为桂籍殿牌坊走马板阳面横批。匾额内容为：

（匾文）桂宫传箓
（上款）嘉庆二年八月中浣士庶公建
（下款）赐进士泗州知州刘作垣敬书

"桂宫"即月宫，也比喻登科做官。这里指文昌帝君取士选贤的桂籍殿。"箓"即古代帝王自称其受命于天的神秘文书。该匾文称颂文昌帝君坐镇桂籍殿主持选才选贤工作，传递出清正廉明、公正无私的清风，勉励士子勤奋学习，发奋进取，不要辜负家乡父老的期望。

刘作垣（1732—1813[①]），字星五，武威人。乾隆二十六年（1761年）进士。三十五年（1770年）任安徽舒城知县，喜造士，创龙山书院，善折狱，廉平明敏[②]。四十二年（1777年），迁泗州知州[③]，以谳邻县狱忤吏议归。先后在酒泉书院、天梯书院掌教。他严立课程，因材施教，乾嘉学术大师张澍即出自其门下。著有《周礼汇解》《左传阐义》，"大抵采宋儒之说，而参以本朝诸家，于方灵皋（苞）尤为服膺。其言平实坚确，不尚新奇，是可传之书。"[④] 刘作垣书此匾时，已在乡教读。

[①] 按：此生卒年据《清代官员履历档案全编》（19）、张澍《刘星五先生传》推算。
[②] 陈守仁修，郭维祺等纂：嘉庆《舒城县志》卷十七《职官志》、卷十九《名宦》，清嘉庆十一年（1806年）刻本；张澍：《养素堂文集》卷二十四《刘星五先生传》，枣华书屋刻本。
[③] 叶兰纂修：乾隆《泗州志》卷七《秩官年表》，清抄本。
[④] 张澍：《养素堂文集》卷二十四《刘星五先生传》。

23. 纲维名教

该匾为木质，制作于嘉庆三年（1798年）二月。匾底为宝蓝色，匾文及其他注字使用金粉书写。无边框，匾额以楷书题写正文。匾文笔法娟秀流畅。匾额内容为：

（匾文）纲维名教
（上款）乡国学信士弟子叩　献
（下款）嘉庆三年岁次戊午二月上浣穀旦
（匾文下方人员名单从略）

"纲"即纲纪、法度、法纪或治理，"维"即维系，"名教"即"名声与教化"。该匾文旨在歌颂文昌帝君行礼乐教化导民和维护名教纲常的至伟厥功。

24. 聚精扬纪

该匾为木质，制作于嘉庆十一年（1806年）正月。匾底为黑色，匾文及其他注字使用金粉书写。无边框，上面有三方名章。匾长3.7米、宽1.3米，字径0.9×0.68米，阴刻。匾额以楷书题写正文，笔法气势磅礴、俊逸雄厚。被收入《中华名匾》之中。匾额内容为：

（匾文）聚精扬纪
（上款）嘉庆十一年岁在丙寅春正月穀旦
（下款）甘肃按察使司按察使前分守甘凉兵备道刘大懿薰沐敬题

"聚"即积聚、汇聚；"精"即精华、精英。《孝经·援神契》："文者精所聚，昌者扬天纪，辅拂并居以成天象，故曰文昌宫。"道教吸收此种信仰后，称为"帝君司命之神"。《孝经援神契》："文者，精所聚。"按此意，"聚精扬纪"即是"文昌"之意，也是其职能之一。该匾文讴歌文昌帝君招贤纳才，汇聚天下英才，弘扬和维护法纪，以礼乐治国安邦的德政，激励后学者以强国为己任，勤奋读书折桂枝。集天下精英，宣扬朝廷之纲纪。该匾文的书法脱胎于赵体，茂密丰满、浑厚、雄秀，重笔傍笔，丰腴饱满，气象宏大，颇具神韵，达到了神形完美、气充力足的境地。

刘大懿（1756—1823），字坚雅，号苇间居士，洪洞县人。乾隆四十二年（1777年）中举，五十六年（1791年）以刑部云南司员外郎，升为贵州司郎中，不久授福建粮道。乾隆六十年（1795年）七月二十五日，刘大懿奉旨任分巡台湾兵备道，八月加福建按察使衔兼提督学政官，以廉政闻名。但是在福建任上却遭别人恶意中伤，于嘉庆二年（1797年）二月二十八日罢官。清白之后复官，刘大懿补授分巡安肃道，千里迢迢来到了西北的肃州，掌察安西、肃州二州官吏的善恶政治得失。后刘大懿又任分守甘凉兵备道，就这样，他来到了凉州。

驻甘肃期间，刘大懿治理有方，"边民怀德，藩部畏威"，功绩卓著。尤其在凉州的工作生活经历，与凉州的近距离接触，使刘大懿对凉州产生了一种第二故乡的情怀。嘉庆十年（1805年）十一月十三日，年已50岁的分守甘凉兵备道刘大懿升任甘肃按察使，负责甘肃一地的司法和刑狱。甘肃按察使设立于康熙三年（1664年）二月，驻巩昌府，后于康熙八年（1669年）十二月移驻兰州。

虽然调离了凉州，但刘大懿对凉州依然念念不忘。任甘肃按察使的第二年，即嘉庆十一年（1806年）正月，51岁的刘大懿再次来到凉州。参观视察武威文庙之后，刘大懿有感于凉州文风昌盛，再加上自己在凉州的经历，遂欣然题写"聚精扬纪"匾，以鼓励凉州的莘莘学子。此匾笔力气势磅礴，俊逸浑厚，悬挂于文庙桂籍殿。大意是积聚精华，弘扬法纪，歌颂文昌汇聚天下贤才，弘扬和维护法纪，鼓励后学勤奋读书，以礼安邦。

25. 书城不夜

该匾为木质，制作于嘉庆十三年（1808年）三月。匾底为宝蓝色，匾文及其他注字使用金粉书写。无边框，上面有三方名章。匾长2.71米、宽0.96米、厚4.5厘米，阴刻。四角镌刻有龙纹图饰。匾额以楷书题写正文，匾文笔法气势磅礴、俊逸雄厚。被收入《中华名匾》之中。匾额内容为：

（匾文）书城不夜
（上款）乡国学弟子叩　献
（下款）嘉庆戊辰春三月穀旦
（匾文下方人员名单从略）

"书城"表示书多，读书人多，文化发达，整个城市充满浓厚的读书学习氛围。据有关资料，清代凉州学校教育兴盛，"居河西之冠"；且学风浓厚，灯火辉煌不夜天，书声琅琅"甲秦陇"。"不夜"是指没有黑夜。形容月光或灯火照耀如同白天。唐代李德裕《尊师是桃源黄先生传法弟子》诗："洞天应不夜，源树只如春。"南宋张孝祥《水调歌头·桂林中秋》词："千里江山如画，万井笙歌不夜，扶路看遨头。"该匾文盛赞武威学风之浓厚纯正，激励学子珍惜光阴，刻苦读书，春风得意折桂枝。

26. 云汉天章

该匾为木质，制作于道光元年（1821年）五月。匾底为宝蓝色，匾文及其他注字使用金粉书写。无边框，上面有三方名章。阴刻，四角镌刻有龙纹图饰。匾额以楷书题写正文，笔力雄奇、潇洒朴拙。匾额内容为：

（匾文）云汉天章
（上款）道光元年辛巳五月
（下款）邑人张美如敬书
（匾文下方人员名单从略）

"云汉天章"中的"云汉"一词出自《诗经》"倬彼云汉"，意思是指天上的银河；"天章"一词是指分布在天空中的日月星辰，多形容文章高雅、华丽，泛指好文章。总的来说，"云汉天章"的意思就是文思泉涌，所写的好文章如天上的银河一般灿烂浩繁。旨在赞美和比喻文昌帝君的文章如彩云织成的云锦那样华美，是书写在苍穹中的好文章。以此彰显文昌的盛德如银河那样崇高浩瀚显明，可谓云汉仰止。

张美如（？—1834），字尊五，号玉溪，又号第五山樵，武威人。嘉庆十三年（1808年）进士，选翰林院庶吉士。散馆授户部主事，因亲老告归终养。道光二年（1822年）入京补官，升户部员外郎，后弃官归里。曾主讲天梯书院、兰山书院、关中书院。能诗善画。著有《张玉溪先生诗》。张美如书此匾，正是乡居之时。

民国《武威县志稿》中对张美如的生平有较为精练、准确的记述：

> 张美如，字尊五，别署玉溪，义号第五山樵，少豪迈倜傥，有大志，尝以陈同甫自况。喜气盖人，人多不堪，久之乃见，谓之直谅。诗文如宿构，洋洋洒洒，下笔数千言，顷刻立就，清超拔拔，迥出异常。然不屑此争名于时，而好谈时务，凡兵制、钱谷、吏治、民风之得失，罔不讲求其源流，视并世之士蔑如也。嘉庆丁卯举人。戊辰成进士，选翰林院庶吉士。明年散馆，改授户部主事，因亲老告归终养。道光二年始入都补官，升员外郎。以失察捐纳事左迁，时同寅有欲保留以使自效者，而美如决计旋里，无几微系恋。未三年有开复原官之命，中外知交，殷殷企望，美如则优游林下，耽翰墨，悦琴书，引掖后进，以为名教自有至乐。主讲天梯、兰山各书院者有年，到处人文蔚起。十二年，聘主关中书院，越二载，殁于讲舍。所作诗文书画，多被门人携去，至今遗武威者，几如凤毛麟角，尺幅寸缣，得之者珍若拱璧焉。

这篇传记后注明摘自《墓表》。《墓表》指张美如的同里友人孙奎章所撰的《赐进士出身户部员外郎张玉溪先生墓表》。现在只知道他的卒年是道光十四年（1834年），不知道卒时的年龄，因此生年暂无法推定。而张美如的遗著，只得见一抄本《张玉溪先生诗稿》，共收录今体诗一百二十四首。这个抄本是李于锴先生少时手抄的，前有题记"壬午六月初五日抄"。壬午即光绪八年（1882年），新中国成立初期，将此手抄本及其他文物赠给了甘肃省博物馆。

张美如一生为官时间较短，但在诗词、绘画等方面造诣很高。诗作语言朴素、情景交融，书画多以山水景物为主，画中有诗、诗中有画，流畅秀丽。其"所作诗文书画，多被门人携去，至今遗武威者，几如凤毛麟角，尺幅寸缣，得之者珍若拱璧焉"。清代蒋宝龄《墨林今话》评价张美如的画说："淡远似云林，苍厚似大痴，兴之所至，挥毫立就，然不肯多作，故流传极少。"

李鼎文在其《甘肃文史丛稿》中以《张美如和他的诗》《张美如的题画诗》为题进行了介绍和鉴赏，认为他的画画中有诗、诗中有画。他的诗体现了"以少体多，情貌无遗"的特点，堪称琅琅唐音。

除此之外，张美如在西北教育事业的发展上，倾注较多。曾主讲凉州天梯书院、民勤苏山书院、兰州兰山书院、西安关中书院。道光十四年（1834年）病卒于关中书院。

张美如书写此匾时，恰逢在武威居住，有感于武威学风浓厚，景色秀丽而作。清初，河西地区文教事业发展较为鼎盛，凉州、甘州府均有府学，古浪、平番、镇番、武威、永昌等地均设有县学。河西各地也普遍设立了书院，以补学校之不足。明清时期的书院兴盛，并逐步官学化，演变成准备出仕科举之所。故有"儒学浸衰，教官不举其职，所赖以造士者，独在书院"。清代凉州的进士选翰林院庶吉士的共有十人，除张美如以外，还有孙诏、王化南、张澍、何承先、尹世衡、牛鉴、张兆衡、丁铠、李于锴等，可谓文教兴盛、人才辈出。各级学校及众多书院的设立，诸多名士讲学传道，清代河西儒风盛行、文脉绵长，由此也对民国时期武威的教育事业发展奠定了良好的基础。

27. 辉增西垣

该匾为木质，制作于道光七年（1827年）五月。匾底为宝蓝色，匾文及其他注字使用金粉书写。无边框，上面有三方名章。阴刻，四角镌刻有龙纹图饰。匾额以楷书题写正文，匾文笔法遒劲有力。匾额内容为：

（匾文）辉增西垣
（上款）乡国学信士弟子
（下款）道光七年岁次丁亥仲秋月穀旦
（匾文下方人员名单从略）

"辉"即指文昌星、魁星和三台星发出的光辉,"西垣"即指凉州或整个西部的地域。或指西方长庚星,即金星,亦名太白。因其十分明亮,昏夜照得西部天地格外辉煌。垣,中国古代划分星空的一个单位,天空星次与九州地域相对应。该匾文意为上天垂怜厚爱凉州,太白高照,文星腾耀,日月增辉,昭示凉州文教兴盛,人才济济。

28. 贵相太常

该匾为木质,制作于道光十年(1830年)十月。匾底为宝蓝色,匾文及其他注字使用金粉书写。无边框,上面有两方名章,阳刻。匾额以楷书题写正文,匾文笔法苍劲挺拔。匾额内容为:

(匾文)贵相太常
(上款)道光十年庚寅阳月上澣吉旦 乡国学弟子叩 献
(下款)赵永年敬书
(匾文下方人员名单从略)

"贵相"星名。据《史记·天官书》:"斗魁戴匡六星曰文昌宫,一曰上将,二曰次将,三曰贵相,四曰司命,五曰司中,六曰司禄。"司马贞索隐引《春秋元命苞》:"贵相理文绪。"贵相是文昌宫中"理文绪"的文星。"太常"也称奉常,中国古代朝廷宗庙、礼仪及祭祀,拔擢教化之官,汉列九卿之首。称文昌为"贵相太常",可谓天上与地上相映照,说明文昌地位之显赫尊荣和礼乐教化之重要。该匾文意为文昌帝君是掌管天下文运,主宰功名、禄位、寿夭的神,贵相(天上)太常(人间),天人合一,为天地共尊。

赵永年先生为清代书法大家,字鹤村。门额"琴鹤遗址"为先生自题。堂匾为"琴鹤堂",大石青金字,颜体,亦为先生自题,苍拙古朴。赵永年先生自题"琴鹤遗址""琴鹤堂"两匾,颇能见其性情。

29. 孝友文章

该匾为木质,制作于道光十年(1830年)八月。匾底为宝蓝色,匾文及其他注字使用金粉书写。无边框,上面有两方名章,阳刻。匾额以楷书题写正文,匾文笔法苍劲挺拔。匾额内容为:

(匾文)孝友文章
(上款)乡国学信士弟子敬叩　献
(下款)道光十年岁次庚寅仲秋月毂旦
(匾文下方人员名单从略)

"孝友"指对父母孝顺,对兄弟友爱。《诗经·小雅·六月》:"侯谁在矣,张仲孝友。"毛传:"善事父母为孝,善兄弟为友。""文章"即指文采、文辞、学问、奥秘。文章泛指著作,这里指礼乐法度。该匾文意为文昌帝君是崇善礼乐教化、维护国家法度的典范。寄期望于天下的读书人做"孝友文章"的表率，崇教化、兴学校、选人才。"文以安邦，武能定国"，努力实现自己的政治理想。

30. 人文化成

该匾为木质，制作于道光十五年（1835年）八月。匾底为朱红色，匾文及其他注字使用金粉书写。无边框，上面有一方名章，阳刻。匾额以楷书题写正文，匾文笔法流畅俊逸。匾额内容为：

（匾文）人文化成
（上款）道光乙未仲春上浣榖旦　献
（下款）郡人王三益薰沐书
（匾文下方人员名单从略）

"人文"指人类社会的各种文化现象。"化成"指教化成功。《周易·恒》："圣人久于其道，而天下化成。"《汉书·贾谊传》："故化成俗定，则为人臣者主耳忘身，国耳忘家，公耳忘私。"该匾文歌颂文昌帝君掌管天下礼乐教化，使普天下民众得到感化，如春风化雨，由野蛮走向文明。同时暗喻武威是一方人文发达、俊杰鹊起之文明之地。书写者王三益，武威人，嘉庆六年（1801年）举人。

31. 桂篆垂青

该匾为木质，制作于道光十六年（1836年）中秋月。匾底为宝蓝色，匾文及其他注字使用金粉书写。无边框，上面有三方名章。匾额以楷书题写正文，匾文笔法流畅俊逸。匾额内容为：

（匾文）桂籙垂青
（上款）道光丙申中秋月敬叩　献
（下款）赐进士及第光禄大夫都察院左都御史李宗昉书
（匾文下方人员名单从略）

"桂籙"又称桂籍，即科举考试录取者的名册匾。"垂青"即看重，谓以青眼相看，表示重视或接受。青，青眼，黑眼珠，语出《晋书·阮籍传》。该匾文喻示文昌帝君会看重每一位奋发进取的学子，只要发愤努力，桂籙薄上一定会有你们的名字。用以激励学子发愤图强，努力进取，必能取得功名和禄位。从献匾时间及匾文看，王建勋等18人还未获得"举人"的功名，他们进献这块匾额的目的，就是希望获得文昌帝君的垂青，在即将举行的乡试中取得好成绩，以期参加次年在京城举行的会试。同时，也深刻地反映出当时武威士子积极进取、慕求功名的心态。

"桂籙垂青"四字的书写者是李宗昉，是一位榜眼，《清史稿》有传，记述了其一生的仕宦生涯。

李宗昉，字芝龄，号静远，乾隆四十四年（1779年）出生在江苏山阳。山阳是淮安县的旧称，即今淮安市淮安区。嘉庆七年（1802年）的壬戌恩科殿试中，李宗昉取得了一甲第二名的好成绩，也就是俗称的"榜眼"。这一年的状元是湖南安化人陶澍，与甘肃张澍、邢澍等交往颇深，都是嘉道时期颇有建树的学者。

李宗昉在中了进士后被授予翰林院编修，不久便被嘉庆帝亲点，来到陕西西安主持陕甘乡试。作为新科进士，这是嘉庆帝对他的格外垂青。在明清两朝，陕、甘、宁、青等西北的学子要参加乡试，取得"秀才"功名后，必须到西安贡院参加三年一次的乡试。陕甘乡试结束后，李宗昉回京在翰林院继续读书学习。在三年后的大考中，李宗昉取得了二等的好成绩，被嘉庆帝擢升为赞善。大考是古代考查官吏的一种制度，每三年举行一次。在清朝时，大考是专门对翰林、詹事的升级考试。据清制，翰林院官员自侍讲学士、侍读学士以下，编修、检讨以上；詹事府自少詹事以下，中允、赞善以上，每隔数年，不定期，临时召集考试，不许称病托词，规避请假，称为大考。根据考试成绩，最优者超等升擢，可由七品升至四品，其次酌量升级或遇缺提奏，再次分别降调、罚俸、休职、革职。可见，"大考"也是一场非常重要而严格的考试，能取得一二等成绩者，亦是凤毛麟角，李宗昉就是其中的一位。

在嘉庆朝，李宗昉曾任贵州学政、浙江学政，后迁侍读学士、詹事、内阁学士等职，可谓一路青云。

到了道光元年（1821年），李宗昉又获得升迁，被授礼部侍郎。次年，道光帝让李宗昉主持壬午科会试。会试结束后，李宗昉又赴江西，主持乡试，后留在了江西，任学政一职。这一年，江西发生大水灾，身为学政的李宗昉与巡抚常常在一起商议赈灾，因行动及时，百姓损失较小。李宗昉为政勤勉，恪尽职守，不久便回京任户部侍郎。后又历任侍郎工部、吏部侍郎，兼管国子监、顺天府尹事。自道光七年（1827年）至道光十年（1830年），李宗昉先后主持顺天乡试二次、会试一次、浙江乡试一次，史载这几科"得士称盛"。后升擢左都御史、礼部尚书。道光二十四年（1844年），李宗昉告老还乡，两年后病逝于老家山阳，享年68岁。

纵览李宗昉的一生，以任学政居多，又先后出任礼部、工部、户部、吏部、兵部和都察院左都御史等衔，足迹至顺天、贵州、浙江、江西等地。李宗昉学识渊博，著述颇丰，他以"闻妙香室"为斋名，刊有《闻妙香室诗集》十二卷，《闻妙香室文集》十九卷，《经进集》五卷、词一卷，又以贵州学政任内见闻作《黔记》，惜多未存世。

32. 天下文明

该匾为木质，制作于道光十九年（1839 年）九月。匾底为宝蓝色，匾文及其他注字使用金粉书写。无边框，上面有两方名章、匾额以楷书题写正文。匾文笔法流畅俊逸。匾额内容为：

（匾文）天下文明
（上款）道光十九年岁次己亥九月穀旦　献
（下款）赐进士出身　兵部侍郎兼都察院右副都御史　巡抚河南等处兼理提督军务前翰林院编修　国史馆纂修邑人牛鉴沐手敬书
（匾文下方人员名单从略）

"天下文明"匾额，上款题为："道光十九年岁次己亥九月穀旦。"道光十九年（1839 年），是牛鉴题匾的时间。这一年，牛鉴转任河南巡抚，在牛鉴赴任前，道光皇帝 6 次召见他，谆谆善诱地说："朝廷大臣没有人推荐你，我知道你可用，所以用了你。你把官当好，则我就算知人。否则就是我不知人，过失在我。"据史料记载，牛鉴任河南巡抚时，他立即整顿吏治，凡是文武官员的德、能、勤、绩都亲自考察，还要听取百姓的反映，然后据实填写年终考评，分别呈请奖罚，决不徇私。另外，在抗洪治河方面成绩卓著，道光二十一年（1841 年）六月，万锦滩一段黄河连续涨水，不到两天水位涨到 9 尺 6 寸。开封万分危急，牛鉴一边亲自指挥抗汛，一边派人雇船带上钱钞和大饼赈灾。六月十六日，下南厅祥符上汛三十一堡南岸决口，河水直逼省城北门。牛鉴赶到决口现场调集官民抢筑河堤。第二天，大水围了开封，全城商人罢市，不法分子乘机抢劫。牛鉴不顾自身安危，驾小舟抵城下，攀绳越城，将首恶分子斩首示众，并张榜约法，打击勒索灾民的奸商。之后，他又命官员、绅士在城内分段抗洪，买芦席、干粮以救流离失所的难民。七月初十，大雨下了一昼夜，100多尺高的浪头倾泻而下，开封西门洪水几与城齐。牛鉴率文武官员购买砖石分段筑堤，并设法疏通水路。十九日半夜，西北城陷，大水进城，人心惶惶，流言四起。牛鉴伏地痛哭，为民祈祷。百姓深受感动，一万多人自动集结，运料筑城。根据自然规律，一过白露水势就会减退。这一天适逢白露，人心逐渐安定。忽然，诏命搬迁省会，牛鉴上报奏称，危城得保缘于"人心维系"，一旦迁省，官绅皆逃，百姓定会遭殃。道光帝采纳了他的意见，降旨让他们继续保护好开封。于是，牛鉴与众人和衷共济，修筑堤坝，增高加厚。不几天，洪水平息，黄河归道，抗洪斗争终于取得了胜利。牛鉴在任河南巡抚期间，他着手办了四件大事：整顿吏治，赈灾救贫，治理水患，兴办教育。后来的事实证明，牛鉴没有辜负道光皇帝这个学生的信任。对牛鉴本人及为政的评价，通过几条史载的记录，我们可以管窥一斑，可知全豹。其一，两江总督牛鉴，同时也是继湖北布政使孙诏成之后，西北（地理）的甲科第一名，也是清朝西北（地理）进士甲科中考的最好的一位。其二，"卿能如此备豫，必奏殊勋，朕忧怀稍宽矣"——清道光皇帝。

题款中"穀旦"一词源自《诗经·陈风·东之门》，诗中有"穀旦于差，东方之源"之说。《毛传》解说："谷，善也。"《辞海》中的"穀旦"，是表示晴朗美好的日子，旧时常用为吉日的代称。古语中，"谷"又有丰收的意思。古时候，丰收的日子就是最好的日子，因此"穀旦"就是指好日子。

"天下文明"匾额下款题为："赐进士出身兵部侍郎兼都察院右副都御史巡抚河南等处兼理提督军务前翰林院编修国史馆纂修邑人牛鉴书。"牛鉴（1785—1858），官至两江总督，题匾时刚刚升任河南巡抚。牛鉴考入进士后的为官简历有：嘉庆十九年（1814年）进士，选庶吉士，授编修。迁御史、给事中。道光十一年（1831年），出为云南粮储道。历山东按察使、顺天府尹、陕西布政使、江苏布政使。十九年（1839年），升河南巡抚。二十一年（1841年）擢两江总督。二十二年（1842年）以贻误封疆罪，褫职逮问。二十四年（1844年）被释，命赴河南中牟河工效力。后因功加二品顶戴，以病乞归。牛鉴是道光皇帝和咸丰皇帝的恩师，故被誉为"两朝帝师"。另外，牛鉴的书法功力深厚，写一手好字，留下的墨迹遗存也非常多。

"天下文明"匾额上记录了敬献者姓名，分别为赵廷炳、王子云、蔡汝霖、田玉、孟昱等十人，身份不详。纵观文庙牌匾的敬献群体，大体为官宦人家和科举士子两类，有些为地方官员敬献，有些为本地科举士子、县乡国学生员、举人（贡生）敬献，有些为本地乡绅望族或者文化名人所敬献。这些群体在当地有着较高的影响力和话语权，代表着那一时期的精英阶层。同时，明清之际也是科举制度最为完备的时期，数以千计的寒门学子通过寒窗苦读改变自身以至家族命运，因此在他们取得成功并学而优则仕之后，深深感受到科举带给他们的好处，也更加重视文化教育。所以，武威文庙乃至全市现存保存完整、数量众多的匾额，体现了武威深厚的历史文脉和浓厚的学术文化氛围，也反映了当时武威本地人对科举文化的重视。

兵部侍郎邑人牛鉴所书"天下文明"的"明"字，为"目+月"的合成。是不是题写时作者的笔误呢，经过分析考证，这不是牛鉴书写的错误，也不是牛鉴的故意臆造。《正字通》云："'《庄子·外物》篇，目彻为明，不借用明从日月会明意。目明意，目明与明暗之明义同。'田艺蘅曰：'古皆从日月作明，汉乃从目作明。'《广韵》《礼部韵略》俱不收朙字，《正韵》沿《玉篇》《集韵》之误，分明、朙为二。"另一种说法是在清朝时不许有人提到"明"字，否则，将会遭受反清复明之罪而被加以重刑。不管出自何种原因，都可以看出牛鉴深厚的文化功底和素养，不愧为武威进士群体中的佼佼者。

"天下文明"匾额有着深厚的文化内涵。关于"天下文明"的出处，最早出自《周易·乾卦·文言》："见龙在田，天下文明。"比喻人类登上历史舞台，展示智慧的光明。说明古代哲人敏感地意识到文明是从最初的蒙昧状态升华而来的，这就相当于给文明画了一个卦象。唐代经学家孔颖达释："天下文明者，阳气在田，始生万物，故天下有文章而光明也。"又疏："经天纬地曰文，照临四方曰明。"

"各美其美，美人之美，美美与共，天下大同"，这是社会学家费孝通先生提出的不同文明之间的共处原则。各美其美，即在现代社会中存在许多差异化的表现，文明有许多表现形式。每个人可以在遵循法律和社会公德的基础上，有个性化的表达。现代社会应当是能够包容差异化的社会，能容忍"各美其美"是一大进步。在经过沟通以后，人们开始发现别人身上的文明之美并开始学习，互相影响，不断提升道德标准，这就是"美人之美"。这种高一级的境界，是超脱了自己生活方式之后才能得到的境界。再升华一步就是"美美与共"，不仅能容忍不同价值标准的存在，进而能赞赏不同的价值标准，那么离天下文明就不远了。

33. 诞敷文德

该匾为木质，制作于道光二十二年（1842年）十月。匾底为碧绿色，匾文及其他注字使用金粉书写。无边框，上面有两方名章。匾额以楷书题写正文，匾文笔法流畅俊逸。匾额内容为：

（匾文）诞敷文德
（上款）道光壬寅阳月榖旦　献
（下款）邑人刘澄原敬书
（匾文下方人员名单从略）

"诞敷"意为遍布。"文德"指礼乐教化，与"武功"相对，也指写文章的道德。该匾文意为要广布文德，以政教之力使普天之下感化，由蒙昧走向文明。

实际上这就是文昌的功德与职分。

34. 经天纬地

该匾为木质，制作于咸丰七年（1857年）重阳月。匾底为宝蓝色，匾文及其他注字使用金粉书写。无边框，匾额以楷书题写正文。匾文笔法流畅俊逸。匾额内容为：

（匾文）经天纬地
（上款）乡国学信士弟子敬叩　献
（下款）咸丰七年岁次丁巳重阳月上浣穀旦
（匾文下方人员名单从略）

纺织物的竖线叫经，横线叫纬，即编织；再如方位，南北为经，东西为纬；以天为经，以地为纬。比喻规划（天地）。其语形容人的才能极大，具有治理天下的雄才大略。该匾文讴歌文昌帝君无上教化之功德，期冀后学者奋发向上，成为治国安邦之才。

35. 辉暎梯峰

该匾为木质，制作于咸丰十年（1860年）十月。匾底为朱红色，匾文及其他注字使用金粉书写。无边框，匾额以楷书题写正文。匾文笔法苍劲有力。匾额内容为：

（匾文）辉暎梯峰
（上款）乡国学敬叩　献
（下款）咸丰十年庚申孟冬穀旦
（匾文下方人员名单从略）

"辉暎"即辉映，光辉映照。指文昌星辉和礼乐教化之光辉，互相映照，普照武威大地。暎，古同"映"，照射。"梯峰"即武威名山天梯山，位于武威市东南50公里处的张义镇灯山村。天梯山属祁连山的支脉。此处泛指武威最高峰的大雪山，属武威南部祁连山的一部分，山上终年积雪，夏季融化，汇成许多河流，灌溉山北绿洲。引申为天梯山的雪水泽润着武威的万顷良田。该匾文意为文昌圣辉普照宇宙大地，天梯雪水泽润着武威的万顷良田，文昌星辉与天梯山的雪光交相辉映，文昌恩泽与天梯山共存，真可谓"天梯雪峰摩云汉，帝君圣辉沐凉州"。

36. 牖启人文

该匾为木质，制作于同治十二年（1873年）正月。匾底为朱红色，匾文及其他注字使用宝蓝色书写。无边框，匾额上有两方名章。匾额以楷书题写正文，匾文笔法苍劲有力。匾额内容为：

（匾文）牖启人文
（上款）同治十二年陬月阖学信士叩　献
（下款）邑人赵国玺敬书
（匾文下方人员名单从略）

牖，窗子。上古的"窗"专指开在屋顶上的天窗，开在墙壁上的窗叫"牖"。启，打开，开导。以"牖启"作比喻，意谓打开人们的智慧之窗，与今日开发智力之说相似，即促进文化教育事业发展普及，引导整个人类走向闻名世界。"人文"此指人类之礼仪。该匾文意在说文昌帝君和孔子打开了人类文明的天窗，为人类社会的发展做出了巨大贡献，是"牖启人文"的典范。期冀后学者紧步后尘，为社会进步做出贡献。

37. 文以载道

该匾为木质，制作于宣统元年（1909）九月秋。匾底为碧绿色，匾文及其它注字使用金粉书写。无边框，匾额上有三方名章，匾额以隶书题写正文，匾文笔法苍劲有力。匾额内容为：

（匾文）文以载道
（上款）宣统建元己酉季秋
（下款）赐进士出身知凉州府事郿县王步瀛谨题
（匾文下方人员名单从略）

匾额书写悬挂的时间是"宣统建元己酉季秋"，也就是1909年秋天。宣统（1909—1912年2月），是清朝第十二位、清军入关后的第十位皇帝爱新觉罗·溥仪的年号。溥仪是中国历史上最后一位皇帝，宣统则是中国封建王朝历史上最后一个年号。

郭沫若曾有言：古人说"文以载道"，用现在的话说，写文章就是表达思想。"文以载道"中的"载"是指装载，引伸为阐明，"道"指道理，泛指思想。

"文以载道"出自宋代周敦颐的《通书·文辞》："文所以载道也。轮辕饰而人弗庸，徒饰也，况虚车乎。"文章是道的载体，就好像车是人的载体一样。如果车不载人，车轮和车扶手装饰得再好也没用。该匾意在是说文昌帝君是礼乐政教化民的万世典范，冀后学者必须重视礼乐政教，读书为文都要思想领先，弘扬精神，不忘阐明文学（文章）的社会功能。

该匾的题写者是"赐进士出身知凉州府事，郿县王步瀛"。王步瀛（1852—1927），字仙洲，号白麓，晚号邋邋斋，又署息壤余生。先祖为山西洪洞县人，明洪武初年移民时迁入陕西郿县（今宝鸡市眉县）金渠镇河底村。步瀛自幼天资聪颖，入读之后，酷喜"四书五经"。常以先哲为楷模，严律己身，应童试而连中附生、增生、廪生。同治十二年（1873）癸酉科拔贡，一举由廪生升到国子监读书。光绪元年（1875）"乙亥科"举人。次年（1876）"丙子科"考中二甲进士，遂任户部河南司主事（正六品），后升员外郎（五品）。

王步瀛在御史任内，曾上疏弹劾端方之子赃官得元。端方此时恰由陕甘总督调任两江总督，便存心报复，上奏朝廷请调王步瀛于"边要"。于是，他由江南被贬调到西北甘肃任凉州知府。在凉州知府任上，还护理（兼）甘凉兵备道、西北经营务处等职，据传共掌五颗大印，集一州军政大权于一身。王步瀛治理凉州卓有成效，名声斐然。

辛亥革命后，民国政府邀请王步瀛出任甘肃省提学使。当时年逾花甲的王步瀛，以病老为由，七上辞呈，不愿出任，以此表示忠于封建皇帝。王步瀛由凉州回到郿县（今宝鸡市眉县）家乡，日与农夫为伍，安享田园乐趣，以书法、作诗、吟咏自娱教人，于1927年辞世。

根据题款，敬献匾额者有十人，其中知名度较高的当属贾坛，在武威城区留有贾坛故居。王步瀛在1919年为贾坛故居题写了"望重长沙"的匾额。此时，王步瀛已经告老还乡，可见王步瀛与贾坛交情匪浅，离任后还有来往。从敬献匾额者十人中贾坛尚且排在第八位，可知十人均为当时的士绅名流。

38. 辅元开化

该匾为木质，制作于民国三年（1914年）六月。匾底为碧绿色，匾文及其他注字使用金粉书写，无边框。匾额上有两方名章四周雕刻并绘有八条盘龙。匾额以楷书题写正文，匾文笔法苍劲有力。匾额内容为：

（匾文）辅元开化
（上款）中华民国三年岁次甲寅六月下浣穀旦
（下款）邑人权尚忠薰沐敬书
（匾文下方人员名单从略）

"辅元"中的"辅"即辅佐、匡扶，"元"即头、首、始也。"开化"即开辟、开导。是指由原始落后的状态导入文明状态。该匾文意为从开天辟地到如今，文昌帝君就是代天斡旋文运、辅佐历代国君、以礼乐教化导民，走向文明的第一神人。该匾书写者权尚忠，字荩臣，光绪十九年（1893年）举人，光绪二十四年（1898年）进士。曾任山西崞县知县。曾与李于锴、张思永等人联名撰写《请废〈马关条约〉呈文》。二十九年（1903年）补为山西崞县知县。由于其事迹所见不多，尚不能确知此匾题写始末。

39. 神有鉴衡

该匾为木质，制作于民国四年（1915年）六月。匾底为宝蓝色，匾文及其他注字使用金粉书写，无边框。匾额以楷书题写正文，匾文笔法苍劲有力。匾额内容为：

（匾文）神有鉴衡
（上款）经理斋社长叩
（下款）中华民国四年岁次乙卯孟秋穀旦
（匾文下方人员名单从略）

"神"指天神，神灵。这里指文昌帝君。"鉴衡"意为鉴别、评定。该匾文意为文昌帝君是玉帝派来主宰天下文化教育事业和功名爵禄的神人，他明镜高悬，以公正公平的尺度考量天下学士的文才德性，权衡遴才选俊。

40. 文明以正

该匾为木质，制作于民国六年（1917年）十一月。匾底为朱红色，匾文及其他注字使用金粉书写，无边框。匾额上有一方名章，以楷书题写正文。匾文笔法苍劲有力。匾额内容为：

（匾文）文明以正
（上款）民国六年黄钟月穀旦
（下款）武邑学款管理所各员敬叩　献
（匾文下方人员名单从略）

"文明"即《周易·贲卦·象传》："刚柔交错，天文也。文明以止，人文

也。观乎天文，以察时变。观乎人文，以化成天下。"人文与天文相对，天文是指天道自然，人文是指社会人伦。天文是无限的，没有止境；人文是有限的，要有所节制。贲卦上艮下离，下离为文明，上艮为止。故曰："文明以止"。"文明以正"是"文明以止"的另一种表达方式。"文明以正"是说要通过行礼乐教化、兴办学校、维护纲常法度等文明的方式和手段来匡正社会，使社会步入文明。以：用、拿；表示目的。正，不偏斜，端正；纠正，改正，匡正。合于法则的，合于道理的。该匾文称道文昌帝君以礼乐教化、纲常法度为手段，以文明为目的，建设文明社会，使国风正、民族兴、人心美、经济好。

41. 斡旋文运

该匾为木质，制作于民国十二年（1923年）五月。匾底为朱红色，匾文及其他注字使用金粉书写，无边框。匾额上有两方名章，以楷书题写正文。匾文笔法方正笔挺。匾额内容为：

（匾文）斡旋文运
（上款）中华民国十二年岁次癸亥榴月榖旦　献
（下款）高自卑敬书
（匾文下方人员名单从略）

"斡旋"即运转、扭转，调解、调停，"文运"指文学或文化盛衰之运气，也指科举应试的运气。该匾文旨在称颂文昌帝君掌管并运筹着文化教育事业的运转和发展，也是天下学士功名、禄位的主宰者，为人类文明开辟了新纪元。

42. 为斯文宰

该匾为木质，制作于中华民国二十一年（1931）四月。匾底为黑色，匾文用碧绿色，其他注字使用金粉书写，无边框，匾额上有三方名章，以隶书题写正文，匾文笔法遒劲有力。匾额内容为：

（匾文）为斯文宰
（上款）中华民国二十一年四月吉日立
（下款）武威学款保管委员会敬叩　献
邑人贾坛薰沐敬书
（匾文下方人员名单从略）

"为"即作，掌管。"斯文"指古代礼乐制度和教化，亦指儒道、文人、文化。"宰"即古代官名，一般指辅佐国君的最高官员，引申为主管、主持、掌握。该匾文称颂文昌帝君是维护礼乐纲常制度、掌管天下文运、力行导民教化的最高主宰者。

书写者贾坛（1862—1941），字杏卿，武威县城关镇人，出身于商贾之家。民国二十八年（1902）中秀才，封文林郎。民国初至民国二十年（1931）任县参议会参议员，同时任县商务会会长。

贾坛的父亲常年经商，家境富裕。贾坛兄弟三人，哥哥贾坤在光绪二十五年（1899）中举。弟弟贾垣一生从商，民国初任武威县商会会长。相对而言，贾坛却是大器晚成，他在1902年中了秀才，被封为文林郎的头衔，那时他已经41岁了。此后，由于贾坛在商业和社会民生方面的出色表现，民国初至民国二十年，任武威县参议会参议员，同时接替弟弟贾垣担任武威县商会会长。

贾坛出身于商贾之家，能书善画，酷爱金石文物。

民国初年，贾坛创办凉州试验农场一处，并任农会会长，培育果木、麦种、花卉等，振兴农林事业。民国十七八年，全省大旱，饥民成群，武威商会出面，贾坛协同地方人士，动员商号、大户募捐粮食，开办舍场，救济灾民。同时他还重视地方教育，常带头捐资，以解决办学经费。

民国四年（1915），武威南营青嘴喇嘛湾唐弘化公主墓被当地群众掘开，墓志被人藏匿。贾坛知道后四处寻访，将墓志找回，保存在文庙文昌宫。民国十六年（1927），武威大地震，文庙和文昌宫殿宇墙垣大半倾圮，武威有识之士多方筹资，动工维修，贾坛身负主事之责，使其恢复旧观。民国二十年（1931），武威文庙管理委员会正式成立，贾坛任委员，并被公推为维修文庙主事。民国二十三年（1934）腊月，贾坛与唐发科在高昌乡（今武威永昌镇）石碑沟访得"元亦都护高昌王世勋碑"所立之处，几经周折，寻得半块石碑，并将碑移置教育馆保存。贾坛一生为抢救保护武威文物，维修保护历史遗迹做出了重要贡献。

43. 文教开宗

该匾为木质，制作于民国二十八年（1939年）八月。匾底为碧绿色，匾文其他注字使用金粉书写，无边框。匾额上有两方名章，以楷体题写正文。匾文笔法遒劲有力。匾额内容为：

（匾文）文教开宗
（上款）中华民国二十八年秋八月　教育经费保管委员会叩
（下款）邑人段永新敬书
（匾文下方人员名单从略）

民国二十八年（1939年）秋八月的某一吉日良辰，由武威教育经费保管委员会段永新、贾坛、唐发科、赵士达、丁旭载、严攸、李宗昌、周应昌、韩景福、刘茂龄、伊宗尹、张光文、徐洪庆、张景才等十四位委员发起并组织的献匾仪式在武威文庙桂籍殿门前举行，献匾仪式由王理乾主持。匾额刻字者樊福顺和当地知名人士、教育工作者代表参加。献匾仪式结束后，现场还举行了简短的捐资助学仪式。举行此次献匾仪式的目的是，通过颂扬文昌帝君教化功德，倡导武威人民继续弘扬书城不夜、崇文尚德的传统，积极投身教育事业，教育化人、教育救国、教育兴国。

该匾意为文昌帝君是中国民间道教尊奉的掌管士人功名禄位之神，华夏人文文教列为开天之尊，并以其教化模式，召唤或感化人们去效仿、奉行。匾文一方面歌颂文昌帝君以文化人的功德，另一方面诠释了将文化教育事业作为治国安民的根本。匾额上边框正中位置有一个金色图形符号，是由"寿""南"二字有机组合而成，寓意为寿比南山。此图形文字在整个牌匾中起到平衡画面、画龙点睛的艺术效果。它赋予"文教开宗"匾千秋万代、万古流传的内涵，与文昌帝君崇文尚德的精神一脉相承，寓意深远，博大精深。

敬献匾额的段永新、贾坛、唐发科、赵士达、丁旭载、严攸、李宗昌、周应昌、韩景福、刘茂龄、伊宗尹、张光文、徐洪庆、张景才等十四人，均应为教育经费保管委员会委员。他们是当时的在职官员、硕学明儒、商界精英、社会贤达、书法巨擘。限于笔者掌握的资料，仅查阅到段永新、贾坛、唐发科三人，其余11人及刻字樊福顺、主持王理乾的生平事迹不详。

书写者段永新（1880—1961），原名永润，一名维新，字鼎丞。武威县城关镇人。光绪二十三年（1897年），17岁时初应县试，考入县儒学为生员。光绪三十三年（1907年），赴应省考，考取优贡。同年，赴北京应知县考试，考中知县，被分配到四川，任成都造币厂监造委员。民国二年（1913年）4月8日，他在武威竞选国会议员获胜，到京任职1年。民国四年（1915年），他再次赴北京考县事获中，留住北京。民国五年（1916年），被派赴新疆护送省政府印信。同年国会恢复，他仍任国会议员。民国六年（1917年），北洋政府组织新国会（即安福国会），他再次任议员至安福国会解散。民国十年（1921年）至民国十二年（1923年），任绥远实业筹备处处长、实业厅厅长，兼任绥远垦务总办及包头商务总办。民国十三年（1924年）至民国十九年（1930年）期间，除任安徽宣城县县长半年，一直留住北京。民国二十年（1931年），由北京回武威，组织成立文庙管理委员会，并担任主任。民国二十二年（1933年），代理永昌县县长。民国二十五年（1936年），红军西路军西征过永昌时，弃职潜回武威，被撤职。民国二十六年（1937年），调任古浪县县长，几个月即辞职回家。民国二十七年（1938年），在武威红万字会任理事长。同时组织成立了武威修志委员会及文献委员会，并担任总纂及主任委员，和唐发科、贾坛、赵士达等人共同编修武威县志及保护文物。民国二十九年（1940年）至民国三十八年（1949年）曾先后担任省参议员、县银行董事长、县参议会议长、议员等职。1949年9月武威解放后，11月被选为武威县各界人民代表，参加武威县第一届各界人民代表大会。1950年3月，由中央人民政府委任为甘肃省监察委员。1951年，任命为甘肃省人民政府委员，民革甘肃省委委员。

唐发科（1879—1955），字榴亭，武威县永昌府人。9岁入私塾读书，20岁入武威县儒学为生员，25岁补廪膳生员。民国四年（1915年）入甘凉道师范学校修业一年。毕业后在中坝小庙任教4年。后任城内小关庙塾师约10年之久。民国十九年（1930年）起任万寿宫小学校长，历时20年，期间曾兼授武威师范国文课。至1951年，他从事教育事业达35年之久。

唐发科一生致力于教育事业。他一改传统的私塾教育形式，开武威西学教育之先河。1930年，他创建万寿宫小学（后改名为建国路小学，现为武威十中）并任校长。他教学严谨，注重理论与实践结合，为武威各行各业培养了大批人才。他是武威教育发展史上承前启后的重要人物，为武威教育事业做出了不可磨灭的贡献。国民政府曾传令嘉奖6次，记功1次，发奖金1次，发奖状2次。他很关心武威文物保护工作，曾和地方人士段永新等人发起组织了武威县文物保管委员会，在保护文庙和收集保护文物方面做了大量工作，做出了重要贡献。他对武威地方志的编修工作也极为关心，亲自编写了《大事记》《教育志》《财政志》的部分内容。

1949年9月武威解放后，他被聘请为武威分区公产管理委员会委员。1951年被选为武威县各界人民代表，并被推为常务委员会副主席。同年6月，被任命为武威县副县长。他办事认真，不徇私情。他的儿子唐儒林触犯刑律，当办案人员征求他的意见时，他说："不管谁，只要犯了法，就要依法惩处，不能因为是我的儿子而讲私情。"他不以官而徇私枉法的精神，深得全县人民的赞誉。

44. 斯文主宰

该匾是文昌宫山门的横批，为文昌宫主题。制作年代、作者不详。

"斯文"是文化的意思，"宰"用以表示官职。这里是对孔子的学识和地位进行很高的褒扬。该匾是指孔子代表着文化主官。

45. 月殿腾辉

"月殿"即月宫、桂宫，原指嫦娥居住的月宫，因上面有桂花树故名。月殿与月宫、桂宫，乃名异意同，既取天上月宫之典故，又取桂籍殿之意（文昌坐镇桂籍殿取士选贤）。出自南朝梁文帝《玄圃园讲颂》序："风生月殿，日照槐烟。"唐鲍溶《送王损之秀才赴举》："名在乡书贡，心期月殿游。""腾辉"即闪耀光辉。该匾是桂籍殿牌坊走马板阴面的横批，制作年代、作者不详。匾文歌颂文昌帝君坐镇桂籍殿开科取士、遴才选贤而名扬四海，光芒万丈。后世期盼桂宫月殿，圣辉长腾，培养和造就众多的俊秀才德之士。

46. 天衢

此匾是文昌宫过殿西侧门横批，制作年代、作者不详。天衢一词出自《楚辞·九思·遭厄》，王逸注曰："蹑天衢兮长驱，踵九阳兮戏荡。"天空广阔，任意通行，如世之广衢，故称天衢。本意指天上的道路，引申为京都或京都的道路。就是说文昌垂青，魁星点额，那些"十年寒窗"的学子，一朝金榜题名，春风得意，就可漫步京都，竞折桂枝，通往仕途的道路可谓四通八达。歌曰：一朝及第登蟾宫，大鹏展翅嫌天低！

47. 云路

此匾是文昌宫过殿东侧门横批，制作年代、作者不详。云路一词意为天上。云间，也指通向上天之路、升仙之路；比喻仕途、高位。但云路并不是平坦之路，乃是极高极险极远之路。此处指通往桂籍殿的路。天下学士，一旦科举及第，身登龙门，举步青云，跳魁舞星，歌鹿鸣诗："苦读圣贤志青云，何日方称男儿心？他日大鹏羽毛齐，直上青云九万里。""云路通天从兹始，月殿腾辉谢帝君！"与"天衢"相对，其义相同。东岳泰山经石峪有宋政和年间题书的"云路"摩崖题刻。

48. 棂星门

此匾是文庙泮池、状元桥北，大成殿南的牌楼走马板阳面横批，制作年代、作者不详。牌楼门为三楹，四柱通天，高耸入云，飞檐雀跃，雄伟壮观。棂星是二十八宿中的天田星，后来人们又将棂星解释为天镇星、文曲星、魁星。《龙鱼河图》："天镇星得士之庆，其精下为灵星之神。"故称"灵星门"。因门形如窗棂，遂改"灵"为"棂"。棂星为天上的文星，用它命名孔庙的大门，寓意孔子是应天上星宿降生的，而且古代天子祭天先祭棂星，喻祭孔子如同祭天一样；同时也包含有人才辈出，为国家所用的思想。历代在学宫（文庙、孔庙）前建有棂星门，寓取得俊秀人才之意，同时也是天下文庙建筑的规制。

49. 太和元气

此匾是文庙棂星门牌楼走马板阴面横批，制作年代、作者不详。"太和"亦作"大和"。《周易·乾》："保和太和，乃利贞。"所谓天地同和，乃天之瑞气，地之灵气，汇成阴阳相和之气，名曰"太和"。亦为人的精神、元气，平和的心理状态。"元气"是道家哲学术语，即构成万物的原始物质。元，是开始的意思，也谓天之正气。从人来讲，谓人之精气或元气，即人的精神；从国家来讲，为不可动摇之根本，即得以生存和发展的物质力量和精神力量。匾文意为人类社会能够得以生存和发展，其根本原因就在于有一种生生不息的"太和元气"，它既表现为人的精神力量，也表现为人类创造的物质文明和精神文明。其风调雨顺，国泰民安，山河锦绣，经济繁荣，圣人教化，人文鼎盛，正是天地正气之结晶。

50. 义路

此匾是文庙状元桥西侧门横批，制作年代、作者不详。"义路"与对应的"礼门"皆出自《孟子·万章下》："夫义，路也；礼，门也。惟君子能由是路，出入是门也。"意为"义"好比是大路，"礼"好比是门，只有那些人格高尚、道

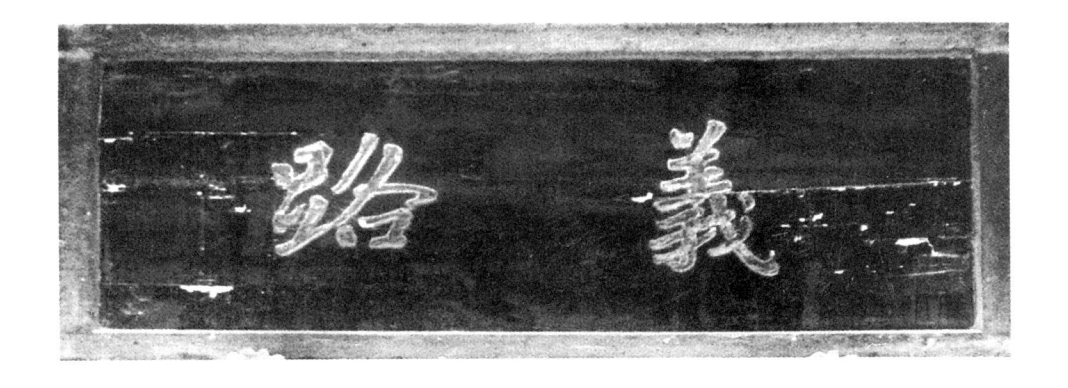

德品行兼好的君子才能从这条大路行走，由这扇门出入。在文庙门口置"义路""礼门"，有两层意思，一是维护斯文，推行礼仪教化；二是走兴学读书之路，循行君子之道。

51. 礼门

此匾是文庙状元桥东侧门横批，制作年代、作者不详。出处同"义路"。礼，乃古代选用人才的依据，也是开科取士评量文字的主要标准。新生员入学宫，必须拜孔子、谒文昌、敬师长，先知礼后知书，做到知书达理。在此设"礼门"，表示学子平日进出，不能忘记礼仪规范。

52. 顶礼文宗

该匾于1992年9月14日，由赵朴初敬题。该匾为木质，匾地为宝蓝色。"顶礼"即向佛、菩萨或上座行此礼。就是双膝下跪地上，双手伏地，以头顶着尊者之足。这是佛教徒最高的敬礼。引申为敬礼，致敬；朝拜，瞻仰；崇拜，

敬佩。"文宗"即备受众人师法敬仰的文章宗师、大家。这里指孔子。或指执掌文运、以礼乐教化导民而功德无量的文昌帝君。

此匾为作者在武威活动时题写，后刻匾悬于武威文庙尊经阁。作者以佛家膜拜佛祖的虔诚崇敬来歌颂儒教鼻祖孔子，或执掌文运、以礼乐教化导民的道教尊神文昌帝君。他们兴教育，布文明，以礼乐教化导民而功德无量，值得后世师法敬仰。

五、武威文庙匾额的重要价值

文庙是武威古代政治、经济、文化、科学、艺术、宗教、建筑等众多元素汇聚之地，是物质文明与精神文明相互融会贯通的生动写照。匾额是中国古老文化的象征，是我国独有的一种语言、文化符号，特别是武威文庙匾额数量众多、做工精巧、雕饰精美、书法流畅，是将文学艺术、传统建筑、工匠技艺融于一体的综合性艺术精品，堪称全国文庙一绝。

武威文庙匾额集中反映了古代文化价值观念和天人合一、以人为本的文化思想，文庙文昌宫桂籍殿下悬挂的匾额主要可以分为三类。

第一类集中反映了古凉州"文风甲于秦陇"的景象，首先从现存这些匾额的数量、撰书者、敬献者等方面能够看出清朝儒学的兴盛。其次是嘉庆十三年（1808年）题写的"书城不夜"，活灵活现地反映出凉州是一个"读书不夜"城。清道光七年（1827年）由乡国学弟子敬献题写的"辉增西垣"，生动地反映出凉州人文荟萃、英才辈出的繁荣景象。

第二类主要是对文昌帝君进行"匾表"，如"聚精扬纪""天下文明""孝友文章"等。与此同时，在文庙桂籍殿下悬挂的众多匾额中，还有两块不起眼的匾额，即《文昌宫所存家具什物明细匾》《道光四年信众捐献财务公示匾》。这两块匾额详细记述了道光四年（1824年）文昌宫所存的家具以及捐献财务的明细，不仅对人们的善举起到鼓励表彰的宣传作用，而且也反映出清代儒学院公示体系的完善，为清代凉州学子读书营造了一个风清气正的环境。

第三类主要是表达献匾人自己的精神追求和美好的期望,如欧阳永祎、李如琎谨献,曾国佽书的"文明长昼",王三益书"人文化成",王步瀛题"文以载道"等匾额。或为地方官吏勉励自己,或为乡国学弟子表达自身美好愿景。

武威文庙匾额还具备十分重要且突出的历史价值、艺术价值和文化价值。

(一)历史价值

武威文庙距今500多年,经历代重修扩建。文庙文昌宫桂籍殿悬挂的众多匾额,都由明清和民国时期武威文人学士、达官贵人进献。透过这些珍贵匾额,折射出明清和民国时期武威的社会政治、思想文化、经济发展等诸多信息。它是反映明清至民国时期武威历史的一本小百科全书,对佐证和研究这段历史提供了实物明证。

1.匾额中的时间

记录了康熙三十四年(1695年)至民国二十八年(1939年)244年间发生在武威的一些重大历史事件。如乾隆十七年(1752年)由主持僧明珍补修文昌宫彩绘立匾"彩振台衡"等。

2.匾额中的人名

记录了当时武威任职官员、地方乡绅、知名人士。如乾隆四年(1739年)二月凉州知府郑松龄题匾"掌仙桂籍",同年凉州知县王守曾、地方名士潘荣贵等11人题匾"司文章命"。

3.匾额中的官名

记录了当时的官吏制度、武威任职官员和武威籍外地官员。如"聚精扬纪"题匾人刘大懿,时任"甘肃按察使司按察使、前分守甘凉兵备道";"天下文明"匾题匾人牛鉴,自署"赐进士出身、兵部侍郎兼都察院右副都御史、巡抚河南等处兼理提督军务、前翰林院编修、国使馆纂修";"文以载道"题匾人王步瀛,赐进士出身、知凉州府事。

4.匾额中的立匾人信息

记录了当时信众组织。如雍正九年(1731年)题匾"德盛化神",载文昌会众信士弟子有 45 名；乾隆二十五年（1760 年）题匾"学宗衍圣"，载文昌会成员 80 名；1915 年题匾"神有鉴衡"，载经理斋社长 14 名；1939 年题匾"文教开宗"，载教育经费保管委员会 16 名。

5. 匾额中的科举信息

记录了当时武威的科举状况和当时武威学子等信息。如乾隆二十六年（1761 年）武威进士刘作垣题"桂宫传箓"匾；乾隆二十一年（1756 年）5 月庠廪膳生员康伯臣书写的"文昌帝君赞"匾；乾隆三十七年（1772 年）吏部候选县丞曾国杰撰，拔贡生马开泰书"瑞预化成"匾；乾隆四十八年（1783 年）癸卯科举人王惇典进献"光联奎壁"匾。

6. 匾额其他信息

侧面反映了经济社会发展等情况。如道光四年（1824 年），文昌宫所存家具什物明细、道光四年（1824 年）信众捐献财物公示匾。该匾记载了当时捐钱的主要是监生、生员，有大钱，也有银子，在典买一些门面房屋时，详细记载了经费的来源。可以看出，当时儒学院、城隍宫、文昌宫各有各的账目收支，通过这些记载可以看出，当时武威经济生活发展水平。

（二）艺术价值

武威文庙的每一块匾额都渗透着雕刻者、书写者、绘画者、献匾者的艺术欣赏水平和艺术创造细胞，每一块匾额都是一件艺术珍品。

1. 书法技艺高超

文庙献匾者都是饱学鸿儒、政界名流、地方豪绅、名师学子等，书法造诣较高。书写字体以正楷行书居多，也有隶书、篆书字体。[1] 字的大小疏密得当，典出辞赋诗文。其书法飘逸潇洒，朴拙雄健，遒劲俊美，豪迈奔赴，字里行间透射着泼墨抒怀，蟾宫折桂的豪情壮志，真实地反映了武威"孝友文章""文明长昼"的昌盛文风。承载书写者的信仰、名节、担当，体现出浓浓的家国情

---

[1] 王其英：《武威金石志》，天津古籍出版社，2020 年版，第 604 页。

怀。武威文庙悬挂的四字和二字匾额，犹如一道璀璨耀眼的"书法艺术展"，让游客和书法爱好者留连忘返、驻足膜拜。

2. 色彩搭配合理

匾额色彩丰富，层次分明，颇具美感。其颜色主要应用宁静、自由、沉稳的蓝色，可爱、高贵、优雅的紫色，深沉、庄重、神秘的黑色，清新、健康、希望的绿色，清爽、无瑕、简单的白色等不同颜色的单色或套色底色。字体主要有尊贵、优雅、灿烂的金色，吉祥、乐观、喜庆的红色，宁静、自由、沉稳的蓝色，以及绿色和黑色等不同组合而成。色彩斑斓，相得益彰，视觉冲击力较强，观赏效果俱佳。

3. 设计装饰精巧

文庙匾额设计精巧、装饰美观，有章法而不拘泥于传统，文化元素丰富，注重整体，细节细腻，取舍自然，应用得当。匾框的纹饰或浮雕，或透雕，主要以雕刻精美的花鸟、龙凤、山水、祥云、花纹等设计装饰。图案华美，布局合理，高贵淡雅，形象逼真。有的还题刻诗联，内容丰富，文笔生动，技法精湛，堪称艺术珍宝。这些匾额融文学、书法、绘画、雕刻和学子心志为一体，交相辉映，浑然天成，流光溢彩，美不胜收。

（三）文化价值

明清以来，武威儒学、学院发展较快，文化教育繁荣，学风浓厚，人才辈出。特别是有清一代，武威县共考中进士41人。武威文庙匾额有大量当时科举考试金榜题名者题写匾额。

1. 匾文内容内涵丰富

文庙匾文用典绝妙，寓意深刻，富有启迪性，对文昌、孔子礼乐教化道民之峻德伟业，至诚至敬，赞颂至极，以此激励万民学子以"书城不夜"的勤奋，升腾"月殿腾辉"的憧憬，创造"经天纬地"的辉煌，实现"天下文明"的理想。它凝聚了中华人文要义，浓缩圣贤学养精髓，可谓字字源典，句句据史，是中国故事与哲理知识的宝库。如道光十九年（1839年）牛鉴书写的"天下文明"

匾，匾中将"明"字写成"目"和"月"的合成。这并非古人的误写，而是清朝忌讳提到前明朝，实际就是起到避讳的作用。再比如，"云汉天章"匾，"章"字下面的"早"那一竖笔直接出上去接到"立"的下面，"辉腾七曲"匾中的"辉"字，"车"那一竖也向上穿过秃宝盖，这种"出头"的写法都代表着对读书人早日出头的祝愿和希望。

2. 匾额地域文化独特

中国匾额文化孕育于先秦，萌发于汉魏，成长于唐宋，盛行于明清。武威历史就是一部多民族交融交汇的文化发展史。陈寅恪先生《隋唐制度渊源略论稿》一书中说："秦凉诸州西北一隅之地，其文化上续汉、魏、西晋之学风，下开（北）魏、（北）齐、隋、唐之制度，承前启后，继绝扶衰，五百年间延绵一脉。"河西凉州诸地对保存中华传统文化至关重要，特别是家学流传渊源，影响深远。明清之际是中国科举制度较为完备的时期，也是武威文教事业高度发展时期。武威文庙珍藏的这批匾额，以及现今武威仍在农村大规模存在的一些门匾，都是地域和家族在文化传承上的外在表现，是武威文化繁荣昌盛之缩影，是武威崇文尚武地域文化特色的体现。

3. 民俗文化突出

匾额文化是传统文化的集大成者。文庙匾额有着浓浓的民俗文化身影，它真实地记录了武威的民俗信仰。款识中的月份，体现了中华传统月历节气的雅称。比如二月，有落款"陬月""仲春""如月"的；三月有落款"花月"；五月有落款"蒲月""榴月"；七月有落款"孟秋""瓜月"；八月有落款"桂月""中秋月""仲秋月"；九月有落款"季秋""菊月""重阳月"；十月以"阳月""孟冬"，十一月以"黄钟月"代指等，基本上每个月份都有。这些月份并不是均等的，有相对的集中性，以二月和八月的匾额最多，这与科举考试的考期是暗合的。古代科举考试中，乡试考期在秋季八月，故又称秋闱。放榜之时，正值桂花飘香，所以又称为桂榜。而会试考期在春季二月，故称春闱。

第三章 武威匾额与凉州文化

自古以来，匾额就是我国古代建筑的重要组成部分。古建筑的匾额题写内容是十分丰富的，通过在匾额上"题名"这样的形式给建筑物、景点等寓以传统文化和个人情感的命名。武威大多数的古建筑遗址遗迹、民居院落等都曾通过命名，使之成为"有标题"的作品。一般的建筑群或单体建筑都有自己的名称，有的是按建筑所处的部位取名，如四合院中有正房、厢房、耳房、倒座等；也有按建筑的功能特征取名，如武威的大云寺匾、古钟楼等，以及按照建筑的形式特征取名，如武威文庙的棂星门等，还有按照所供奉的神像和所纪念的人物进行取名，如鸠摩罗什寺、下双大庙魁星阁等，因此武威历代匾额与古建筑文化息息相关、密不可分。

第一节　匾额与建筑文化

1986年，武威被国务院命名为国家历史文化名城，不仅是因为武威历史文化底蕴深厚，其中较为重要的一点是武威地区的古代村落、历史文化街区以及传统民居建筑等保存下来的比较丰富。武威现存的民居建筑主要修建于明、清、民国时期。

民居建筑是专指一种建筑类型，具体表现为各个大小、体量、色彩不同的房屋。武威的古民居院落数量众多，目前保存下来的也十分具有代表性。不仅代表了武威的建筑文化，其中不同院落建筑上均悬有匾额，以此来表达居住人的生活志趣和艺术情操。

武威市境内的汉族合院式民居建筑有三类：一是各县、各城区、各村镇普遍使用的传统意义上的四合院；二是留存在偏远乡村的古建筑；三是凉州区特有的"蜗庐"小院，这种建筑属典型的生土建筑，其结构系土梁土柱构筑而成。

2001年以来，凉州区实施大规模的城市改造项目，东小北街、县府街、钟楼巷和猪毛巷子一带的近百处四合院建筑被拆除，现仅存十余处。

凉州区留存的传统民居院多为四合院，有一院、二院或三院不等，院四周有高大宽厚的庄墙，有的庄院四角设角楼，为瞭望护卫之用。院内四周皆建房，有堂屋、厢房、倒座等。"院落大门一般为墩台式，门道深而窄，门扇较小而坚厚，只可行人，不能进车，以求安全，有的设二道门或三道门"。房屋结构多是出廊式，檐下施精细的木雕，堂屋多置六扇格子门窗。

一、李铭汉故居匾额

李铭汉故居位于武威市凉州区南大街民主路45号，是清代建筑，砖木结构四合院式，坐北朝南，占地8000平方米。清代咸丰年间，该院落是武威副贡生李铭汉从达云后代处购买达氏"帅邸楼"和花园部分，进行翻修后李家后世便一直在此居住。该院落结构由前院和后院组成，前院为住宅院，由门道、倒座、堂屋、厢房等建筑组成一个完整的院落，其中堂屋面阔五间（15.4米），进深二间（3米），高6.8米，前后出檐廊式，大门为砖砌悬山顶式建筑，后院为祠堂。

李铭汉（1809—1891），字云章，著名的经史学家、诗人。幼年曾入私塾、县学学习，后投武威著名学者张澍门下学习，先后八次参加乡试，均未考取功名，直至41岁时才考中副贡生，晚年主讲凉州雍凉书院、甘泉书院等。一生专致史学研究，著书立说，著有《续通鉴纪事本末》《尔雅声类》《说文谐声表》《宿问录》《日知斋诗稿》等。

李铭汉一生博学多才，且著作颇丰，但他的科考之路却十分坎坷。不过，他并没有因此而气馁。科考失利后，他便将毕生的精力投入到教书育人和史学研究方面。由于学识渊博，晚年时，甘肃学使胡景桂还上书推荐他为陇上耆儒，光绪皇帝曾下旨授予他国子监学正衔的荣誉。光绪十七年（1891年）四月十四日，李铭汉在家中去世。这一年十月十七日，新疆巡抚陶模路过武威，因仰慕李铭汉品行，在听到他过世的消息后，还曾前去李府吊唁。

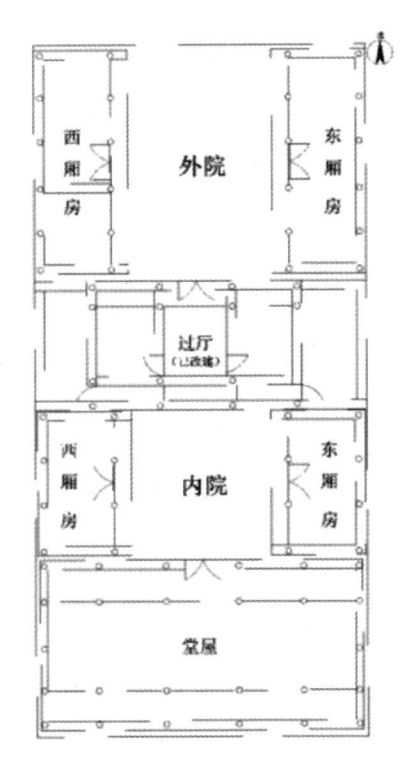

（李铭汉故居平面图）
来源：《甘肃古代民居建筑与居住文化研究》

在李铭汉的影响下，他的儿子李于锴、两个孙子李鼎超和李鼎文也成为甘肃的著名学者，分别在史学、文学、语言学方面有一定的建树。在近现代的陇右李氏三代以渊博的学识、高尚的德行而声名显赫，享有"凉州世家"的美誉。

李于锴（1862—1923），字叔坚，李铭汉次子，自幼受其父李铭汉的影响，14岁中秀才，21岁中举人，光绪二十一年（1895年）中进士，选翰林院庶吉士。1898年任山东蓬莱知县，代理武城、太安知县。在任期间，政绩卓著，授沂州府知府。袁世凯任山东巡抚时，请李于锴去济南任山东大学堂监督，但他上任不久后就辞职。1895年，《马关条约》签订后，各省应试举人不断集会和上书光绪皇帝反对《马关条约》。当时国内在"公车上书"上签字的举人603人中，甘肃应试举人61人，他是甘肃举人上书签名运动的领袖。之后主持起草了《请废〈马关条约〉呈文》，要求清政府废除《马关条约》，变法图强。李于锴精于考据之学，与其父合撰《续通鉴纪事本末》，并撰有《味檗斋遗稿》，已由长子李鼎超整理刊行。

李铭汉故居过厅内左右两侧，悬挂有两块横匾，分别是"棠阴榆社""赋去烦重"。关于这两块匾额，有着一段感人至深的故事。说在明代的凉州卫（今甘肃武威），有王（明肃王朱楧）、吴（允诚）、宋（晟）三府的耕地。明朝灭亡后，清政府将这三府的耕地统一编入武威县，变更分配给当地农民耕种并收取赋税，故名"更名地"。但当时官府将这一地的赋税定得比一般的土地赋税要高，农民们有时辛苦一年的收成还不够缴税。沉重的赋税压得农民苦不堪言。李铭汉生前就曾为减免这一赋税而多方奔走。清朝灭亡，"更名地"税仍未取消。民国初年，山东做官的李于锴辞官回到家乡，他继承父亲遗志继续向民国政府倡议减赋。民国六年（1917年），在久未得到答复的情况下，李于锴便自己筹集巨资，一次替农民缴纳了"更名地"粮约1800石，为他们减轻了沉重负担。当时的乡民们感激不已，痛哭流涕，纷纷前来李府拜谢。李于锴去世后，武威民众皆自发前来吊唁，并送上这两块匾额。其中"赋去烦重"匾讲的就是李于锴"筹资买赋"的这一义举曾为当地老百姓免除了沉重的赋税。

"棠阴榆社","棠阴"典源出自《诗经》《史记》,比喻民间对于地方管理者惠政的纪念。"榆社"见于"枌榆社",为汉高祖的里社名。以后"榆社"指故乡的里社,明代高启诗中有"家同榆社近,人比竹林多"之句,这里意指李于锴辞官后还念及家乡人民疾苦。送上这两块匾额表达了民众对李于锴深深的怀念与敬仰之情。

过厅北面廊柱两侧悬挂有一对落款为"李于锴"的楹联:"鸾凤和鸣兆占昌后,兰芝挺秀瑞应生孙。""鸾凤和鸣"语出《左传》"是谓凤凰于飞,和鸣锵锵",意喻夫妻之间相亲相爱;"兰芝挺秀",指兰芝挺拔秀丽,长势喜人。该楹联蕴含李于锴作为一个中国传统家庭的家长希望家族内夫妻和美、子孙满堂之意。

故居内院古朴典雅,原有一棵高大的明代古槐,周有牡丹,为典型的西北风格的园林小院。东侧为李铭汉的书斋,坐东向西。该书斋匾题"日知斋",为李铭汉的书斋名。"日知"出自《论语》孔子弟子子夏之:"日知其所亡,月无忘其所能,可谓好学也已矣。"意思是说:每天知道一些过去所不知道的知识,每月不要忘记那些已经掌握的新内容,这样日积月累就可以成为一个真正好学、知识渊博的人了。"日知"二字正是李铭汉一生的座右铭。由于家境的原因,李铭汉十岁才开始读书识字,但他努力进取。其刻苦、认真的精神得到了武威名师尹世阿、张澍以及陈世镕的赏识,三人曾先后收他为弟子,传授学业。经过数十年的不断努力,李铭汉最终成为一位学识渊博的史学大家。

院内西侧为李铭汉之子李于锴的书斋,上悬横匾"味檗斋"。檗,指黄柏,其味苦,这里是说读书之人明知读书清苦,但更要激励自己坚持下去的决心。"味檗斋"原为明代万历年间名臣赵南星的书斋名。赵南星一生为官清正廉明,他始终以天下为己任,日夜操劳国事,受到了后世的敬仰。李于锴将自己的书斋命名为"味檗斋",除有激励努力学习之意外,还在于仰慕赵南星的品行,并以他作为自己立身处世的榜样。1895年,李于锴赴京赶考。考中进士,入选翰林院庶吉士,后任蓬莱知县,又官至山东沂州知府。在山东为官的十四年中，李于锴体恤民情，政绩卓然，在当地有"贤太守"之称。

堂屋是古代民居建筑中的正位房屋，李铭汉故居中的上堂屋上悬"古槐堂"三个大字，颇具神韵。所谓的古槐堂，源于李铭汉院里一棵高大的明代古槐。夏天，李铭汉祖孙几代都在院子中乘凉歇息，这棵古槐陪伴了李氏几代人的成长，对这棵槐树他们都怀有深深的感情。在中国传统文化中，槐树以其苍劲挺拔、根深叶茂被喻为正直坚强、仁义宽容的象征，李铭汉将李氏堂屋取名为"古槐堂"，也是以此教导李氏后人要如这棵槐树般正直、宽容做人。在李铭汉的影响下，他的孙子、原西北师大教授李鼎文情系故土，从1956年开始，曾分数次将家藏的17304册明清古籍和186件文物分别捐献给甘肃省图书馆、甘肃省博物馆、河西学院、原武威县人民医院、原武威县文化馆等单位。1998年李鼎文先生随儿子前往新西兰定居时，又将仅剩的藏书全部捐献给了国家。在国外，李鼎文先生也念念不忘他"槐阴满庭"的家园，曾在多次给他学生和友人的信中提到他家院子里的那棵大槐树，怀念着他的家乡。

古槐堂左右两侧廊柱上，悬有李于锴的篆体楹联："勤旧学不解，辟新智见闻。"楹联中的"解"通"懈"，"智"通"知"，意思是说对于传统知识要勤于学习，不要懈怠，而在开辟新的知识时又要很有见地，视野开阔，就会有新的收获。

李铭汉故居的匾额楹联既是当时社会、政治、经济、思想的一种反映，也是李氏家族品质精神最直观、感性的外化载体。与此同时，李铭汉故居也充分体现了明清之际传统的民居建筑风采，保存了河西走廊地区的传统民居建筑风格。2018年，本着"修旧如旧"的原则，武威市委、市政府对这一处蕴含着深刻文化内涵的名人故居进行了为期一年的保护性修缮，经各方努力，此次修缮中也复原了李铭汉故居中原有的部分楹联与匾额。今天，我们若想读懂这处近200多年"凉州世家"文化名人的生活之地，除了李氏优良的家风学风外，也可参看这些散落在故居内的匾额楹联。而这些故事，正是李铭汉故居内最具深意的所在。

二、牛鉴故居匾额

牛鉴故居位于武威市凉州区高坝镇同益村，清代修建。系一座规模宏大的堡寨式庄园，俗称"牛家花园"。又因宅旁有24棵柏树，故有"二十四柏之轩"称誉。院落坐西向东，南北长50米，东西宽40米，围墙夯土版筑，夯层厚0.16—0.21米，残高3—8米，基宽4米，墙顶部可行车马，四角有角楼。院内原有建筑七八十间，后多数被拆除。现存过厅一座，砖木结构，面阔三间（12米），进深一间（4米），前出廊式；南、北房面阔三间，进深一间，留存部分残围墙。大门已改建，残存门槛五条。后院上书房悬道光皇帝御书匾额一块，为"夫子博学"匾额，是咸丰皇帝御笔。此为武威有史以来至清朝，封建皇帝的亲笔题字，威严壮观。牛鉴曾做过帝师。钦赐此匾，亦算恩隆有加了。此匾现已不存。

现牛鉴故居已荡然无存，仅存南、西、北三面半截庄墙，墙基宽4米以上。根据现存遗址，庄园东西长70米，南北宽50米，占地3500平方米。据当地耆老回忆，庄墙高而厚，周围有漫台；院门向东，门道很深，有五道门槛。头道门槛有两层单扇门，包以铁皮，布满蘑菇钉。进院门后，四周均为出廊房，南、西、北三面有出廊木楼拔起，院中腰过厅把大院分为前后两院。后院上房悬有道光皇帝书匾额一块。现牛鉴故居古建筑群围墙遗址与古柏苍松及林木保存完整，1987年牛家花园被武威市人民政府公布为市级重点文物保护单位。

牛鉴故居中道光皇帝题写的"夫子博学"之匾，与其曾为咸丰帝教谕密不可分。"教谕"一职由宋代始置，仅限于京城小学和武学，官秩正九品。《新元史·选举志》记载"凡师儒经朝廷任命者称教授，路、府、州学置之；由礼部、行省、宣慰司任命者称教谕，路、州、县及书院置之。元、明、清三代皆设县学教谕，列知县下，主持文庙祭祀，宣讲儒家经典和皇帝诏训，教诲和管束生徒。"该匾中的"夫子"是古代对男子的尊称，也用来称呼学者、老师，从牛鉴曾任咸丰帝教谕一职也能够理解"夫子"的含义。

牛鉴故居，除如今凉州区高坝镇同益村当日七十亩地的牛家花园、现隐在技校院内的牛府内院断壁之外，在城内原李府巷今县府巷的宅院也是牛鉴的故居。陈赓雅在《西北视察记》中的《武威城市乡村之一瞥》中提到："武威福音堂，为昔两广总督牛鉴，奢靡巨万之住宅所改，规模宏大，设备完美，有礼拜堂及附设小学等。"民国时牛鉴将城内的故居出售给传教士的宅院，现今依然为基督教堂。

三、张兆衡府第匾额

张兆衡故居在凉州城西小北街西侧，张澍故居南面，清代修建，多进院落式布局，分南、北两院，坐西向东。其中南院内分为两院，有仪门、屏门分割空间，内、外院都是四周绕廊式四合院，砖木结构；原有悬山式大门，向东开，门前有两块抱鼓石。今院落、建筑均毁，仅存门楼基础和两件抱鼓石。

张兆衡为武威清代十大翰林之一，生于乾隆五十三年（1788年），卒于道光二十八年（1848年）。嘉庆二十五年（1820年）考中进士，选庶吉士。道光二年（1822年）散馆改知县，因请假省亲，未选任。曾主讲兰州五泉书院、兰山书院。道光十三年（1833年），46岁时选任山西和顺知县，后调任曲沃知县。道光二十三年（1843年），擢升朔州知州，到任一月，便称疾告归。

张兆衡任山西和顺知县时，作为当地百姓的父母官，十分注重百姓的利益。当时和顺县规定将所征田粮折价征收银钞布帛或其他物产，因此就出现了大量倾销、囤积以及勒索重复征税等现象，百姓对此叫苦不迭。张兆衡实行"自封投柜"的缴税方法，在县衙院落里摆上几只特制木柜，柜门封上封条，柜顶部开有小孔，银柜旁的长桌上放有天平，由书吏、库子负责收银。纳税花户持银子和串票到衙门后，向书吏出示串票，书吏找到存底的同一串票联，对照无误后，让纳税人将税银投入柜中，办理缴税手续。这样一来，张兆衡在和顺县"循声大著"。张兆衡也十分重视地方教育，曾负责编撰民国《和顺县志》，重兴学校，撰有《重修云龙书院捐赠膏火暨设立以学碑记》。之后侍奉双亲，乐不易此。较受世人称道。

道光二十二年（1842年），张兆衡主持纂成（道光）《曲沃县志》十二卷。

张兆衡府第门额为"忠刚遗泽"，由清道光左都御史、书法家姚元之用隶书题写。"忠刚"意为忠义刚正，是称赞张兆衡的为人品行，其花亭匾书"古雪山房"。

20世纪20年代，张兆衡后裔将祖业卖于名医权爱棠先生。权爱棠先生以行医名世，又是著名的书画家。购得张兆衡府第后，加以修缮，由书法家权景猷隶书匾额"略阳世泽"，款署甘肃大绅张威。甘肃书画家范振绪先生适寓武威，看到此匾后赞不绝口，称看其隶书大作，在武威没有自己书写隶书的市场了，回去再不写隶书了。范振绪先生之叹，可见其胸襟。视其格局，实乃大家风范，不以他人之作而狭隘其心，实令人感佩也。此匾现已不存。

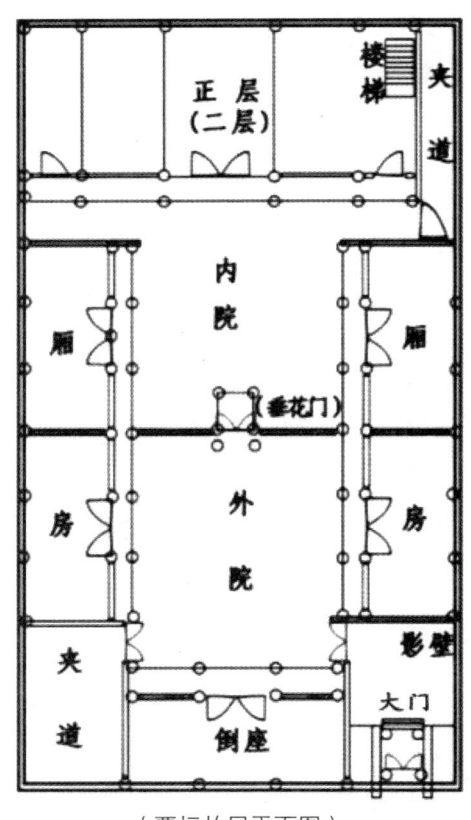

四、贾坛故居匾额

贾坛故居，俗称"贾府"，位于凉州区城关镇北关街中心巷34号。省级文物保护单位，建于清末，1929年重修。院落南北长40米，东西宽30米，建筑面积约687平方米。砖木结构两进四合院，坐北向南。分内、外两院，外院由街门、倒座和东西厢房组成，街门为门楼式，面阔一间，门额题"望重长沙"

（贾坛故居平面图）
来源：《甘肃古代民居建筑与居住文化研究》

砖匾，由曾任凉州知府、甘凉兵备道的王不瀛于1919年题写。影壁上的壁画已经漫漶不清，两侧刻写有对联一副：传家德谊敦三物、华国文章本六经。影壁左边的前院门上有"诗书门第"匾额，里面有倒座面阔三间，进深一间，前出廊结构；东、西厢房面阔三间（12米），进深一间（3.6米），高5米，前出廊结构。后院由门楼、东西厢房和上堂屋构成，东、西厢房和前院的东、西厢房并列，大小结构一致；上堂屋为两层土木结构，面阔五间（13米），进深二间（6米），高7米，前出檐廊。东北角和西北角各有小院一座。

贾坛是陇右著名学者，攻书法绘画，擅长隶书和山水画，酷爱金石文物。清代武威学者李于锴在《武威贾氏族谱序》中说："贾氏望出武威，武威之贾，源自汉贾谊。"由此可见，贾姓自贾季玉世居武威形成郡望后，到三国魏太尉贾诩始著于史，繁衍发祥，枝柯全国。

近年来，贾氏谱牒及姓氏文化研究学者贾明曾制作"中华贾氏望出武威"匾额并悬于故居。匾文内容如下：

中华贾氏望出武威

贾姓源于商、周、汉代，武威太守贾季玉，世居姑臧，形成郡望，自三国魏太尉贾诩，始著于史，繁衍发祥，枝柯全国，英才辈出，泽及子孙，为报本思源，复振贾族世代承昌谨献匾文

壬午仲春贾氏　贾明敬立

如今的贾坛故居已成为武威重点文物保护单位，而这座故居也生动反映了贾氏一族曾经在武威的历史变迁。

五、民勤瑞安堡匾额

民勤瑞安堡俗称"王团堡子"，位于民勤县城西南郊3.5公里处的三雷镇三陶村，始建于民国二十七年（1938年），为全国重点文物保护单位。原系地方

保安团长、地主王庆云（字瑞庭）的庄堡，故取"瑞""安"二字为堡名。

"瑞安堡"这一石匾额目前依然悬挂在堡寨正门上方，该石匾右侧有文字"民国戊寅建修"，左侧有"县长高其畅题"，左右两侧各绘有两只神兽。

庄园大门门楣上方的长方形砖雕匾额，生动讲述了取名瑞安堡的由来，现将匾文摘录如下：

> 瑞安堡落成赠言：杜工部云，安得广厦千万间，大庇天下寒士俱欢颜，此老胞与为怀，神情若揭。今瑞庭筑宅，同人睹此规模，思拟嘉名。余谓瑞庭身任保安职责，工役之典，虽为创垂计而修已安人，以安百姓，实欲保障地方，作国家干城。梁雾栋云，不独为一家瑞，且为一邑瑞，并为一国瑞也。名义所关，故取瑞安二字以增之云。落款为"民国戊寅夏，举人卢殿元，局长李发荣校，会长姜振邦书。"

该匾的撰写者卢殿元为清末举人，是雍正翰林院庶吉士卢生薰第十世子孙，曾选任新疆某县县令。民国六年（1917年），知县周树青（安徽合肥人）主持，举人卢殿元总修编纂了《续修镇番县志》，民国八年（1919年）成书。该志书上限与道光五年许协编修的《镇番县志》衔接。

匾额的校正者为当时的教育局局长李发荣，书写者为当时民勤商会会长姜振邦。匾文既讲到了瑞安堡的建成时间，又说明了庄园名字的意义，也从一个侧面反映了当时民勤百姓期盼国泰民安的美好愿望。

瑞安堡占地5000多平方米，大小院落8个，高脊瓦房140多间，亭台楼阁7座，墙高10米。堡坐北向南，南北长90米，东西宽56.5米，占地面积5085平方米，建筑面积2394平方米。院内机关重重，暗道无数，如同迷宫，是一座防御功能缜密、完善的庄园城堡。

瑞安堡在设计上也是独具一格，设计者据说是曾毕业于京师大学堂，后留学于日本早稻田大学建筑系的民勤县地方绅士田志美先生。爬上角楼俯瞰堡内，整体布局取意于"一品当朝"四个字。横式前院为"一"字，中院及左右后院为"品"字，堡门、南北文武角楼、前后内院正好是"当"字，"朝"字建筑比较隐匿，只有"日""月"，南北墙一高一矮，称作"凤凰单展翅"，寓意展美姿而不飞走，把美好愿望与建筑形制巧妙地融合在一起，体现了东方建筑美学的精髓，实为整个西部民居建筑和城堡建筑中的精品。

作为防御工事，堡内设有暗道、暗室、射击孔等设施，宽1.6米、高3米的暗道夹层在堡内纵横交错，长达60米。角楼及胡墙上装满了射击孔，设计巧妙，里大外小。外面枪弹很难射进，墙顶通道宽可跑车，防火防攻设施齐全，可谓铜墙铁壁、固若金汤。

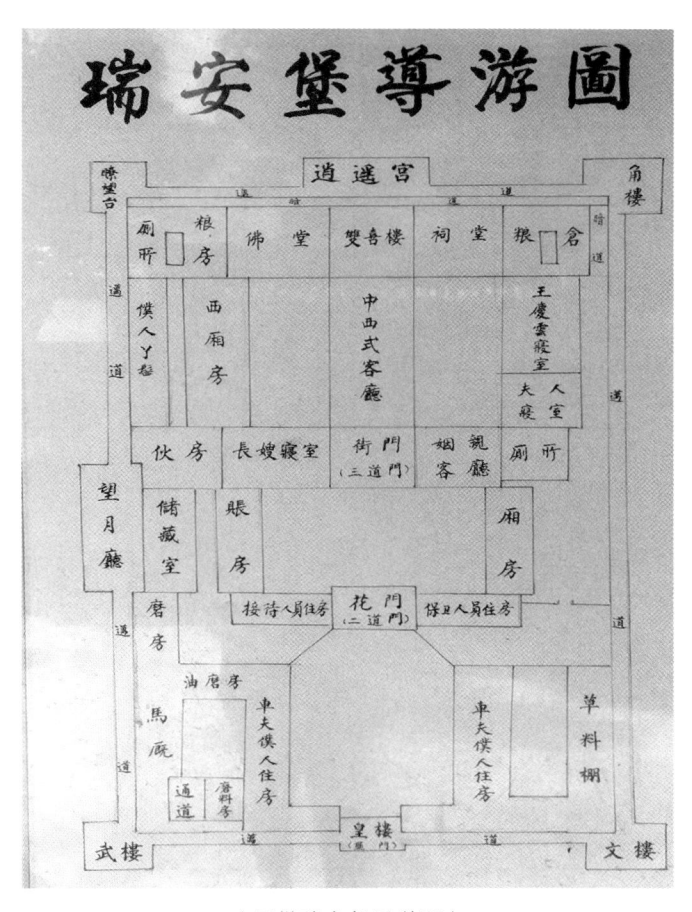

（民勤瑞安堡导游图）

原瑞安堡的堡主为王庆云，生于1892年，先祖为明清移民后裔。王家经过数代人的经营，到清末逐渐发迹，主要从事绸缎、食盐和茶叶等生意。王庆云的大哥王步云为当时民勤县教育局局长。

王庆云因参与民武公路的修建，并组建成立了青云私立小学，因此在瑞安堡庄园二道门悬挂六块匾额，分别是"同修仁德""品节详明""学而不厌""壮志凌云""爱育桑梓""白亭贤豪"。这些匾额的含义也多为称赞王庆云为民勤所做出的一些贡献。

进入堡门后是前院，沿堡门中轴线有一条长的通道将前院和中院分为东西两部分。前院面阔约50米，进深约26米，紧靠堡墙于门道两侧建平顶式土木结构房屋30余间。中院较浅，面阔约50米，进深约13米，由二门东西厢房和左右倒座围成一回廊式小四合院。后院是王庆云家庭的主要活动场所。中院、后院以中轴线上的第三道大门相隔，将外人挡在门禁之外。

内三进院由位于中轴线上的三道大门叠次而入。第三道门略小，门额镌有"琅嬛福地"四字，起两脊，前为歇山顶，后为盝顶，盝顶上做一天井，两侧有耳门通入后院。后院由建筑在中轴线上的五间卷棚式房屋分为东西两院，中间由过厅将东西两院贯通，回廊环绕、古朴典雅。悬有的匾额"琅嬛福地"的含义与其建筑也密不可分。"琅嬛"是指仙境，泛指珍藏书籍之地，亦有被环抱围绕、众星捧月之意。由此看来，这与堡内建筑风格有异曲同工之妙，也表明王庆云对该堡寨的良好愿景。

瑞安堡内的家祠与佛堂之间为一单间回廊四方形楼阁，名叫双喜楼，俗名绣楼，大概是当时王家小姐的居处。绣楼内有一架木梯，往上到第三层，由此向北直接通往堡墙之上的逍遥宫。逍遥宫位于庄堡中轴线末端，三面绕廊单檐歇山顶式半亭，与前堡门楼遥相呼应。从逍遥宫看瑞安堡的全貌尽收眼底。

堡墙之上除门楼、逍遥宫外，堡墙上还建有文楼、武楼、望月亭、瞭望楼、巡房、跑马道、女墙等等。建于堡墙东南角的文楼和东北角的武楼左右呼应。而西北角、东北角瞭望楼下的巡房，楼上的哨台、军事防御的功能更实际一点，尤其是在哨台的外挑部分设有砸孔，遇到外袭，估计会从砸孔掷下砖石阻击土匪来犯。

整个庄院汇集中、西、南、北建筑风格，融军事防御、起居、游赏、园艺艺术为一体，见证了民国时期民勤乃至西北边陲地区的民居建筑历史，具有深厚的历史、艺术价值和科学研究参考价值。目前，它是西北地区保存最完整的庄园。因此，被誉为"塞上故宫""西部紫禁城"。

后因修缮，目前堡内凡门额之处皆有木匾，但大多匾额无出处亦无时间。账房门口有"丙申仲春　姜学玮敬题　兴盛合"，之后进入西厢房的门额上有"赤虹化玉"背面为"金玉天上"；进入东厢房的门额上有"龙飞凤舞"背面为"惠风和畅"；从客厅进入佛堂的门额上有"瑞气盈门"背面为"继往开来"。

祠堂门口悬有"高其畅题　王氏家祠"。祠堂内有楹联数副。除此之外，佛堂门口悬有"福田妙果"匾，文楼门口悬有"万世师表"匾，内有"德齐帱载""道冠古今""德配天地"；角楼门口悬有"斯文在兹"；逍遥宫门口悬有"境由心造"；望月厅门口悬有"梯云筛月"；武楼门口悬有"尚武锁钥"匾。瑞安堡匾额种类多样、内容丰富，是不可多得的历史文化遗产。

1993年3月29日，民勤瑞安堡被省政府公布为省级文物保护单位，2006年5月，被国务院公布为第六批全国重点文物保护单位。

第二节　匾额与宗教文化

一、大云寺匾额

凉州大云寺是武威历史上最古老的一座佛教寺院，位于武威城东北隅和平街小学旁，创建于东晋升平年间，距今已有1600多年的历史。大云寺初名宏藏寺，隋朝时为感通寺，唐武则天时改名为大云寺，西夏时为护国寺。该寺内有一座巍峨壮观的古钟楼，雄踞在10米多高的砖包台基上，周有绕廊，建有阶梯。钟楼重檐歇山顶，五彩作斗拱，整个建筑挺拔俊秀，高耸入云，造型独特，气势宏伟，是武威的一大佛教圣地。大云寺自创建以来，进行过多次修缮，最终毁于1927年大地震，唯古钟楼及大钟安然无恙。武威保存着四通与大云寺有关的碑刻。

《凉州卫大云寺古刹功德碑》载，该寺为东晋前凉王张天锡时所建，原名宏藏寺。唐武则天称帝，令全国供奉《大云经》，遂改名大云寺，后又改名天赐庵。寺前钟楼上有建寺时所铸铜钟一口，高2.4米，下口直径1.45米。钟体饰三层图案，分别为菩萨、天王、贵族，甚为有名。"大云晓钟"为古凉州八景之一。目前，铜钟亦移至城东北隅的钟楼内。悬挂在大云寺古钟楼上的八块木质横匾，书法精美，保存完好。文用典绝妙，寓意深刻，富有启迪性，观之令人赞叹不已。这八块牌，上至乾隆九年(1744年)的"大棒喝"，下至1984年的"玉塞清声"，时间跨度200余年。其书法或飘逸潇洒、遒劲俊美，或朴拙雄健、豪迈奔放。字里行间，透射出武威丰厚的人文底蕴，折射出武威大云寺自清朝以来香火旺盛的景象。

"大棒喝"匾，悬于一层楼西，该匾上款为"署陕西凉州府知府加一级记录四次郑松龄""乾隆九年秋"。下款为"曾国傒书"。行书，金字，蓝地。四

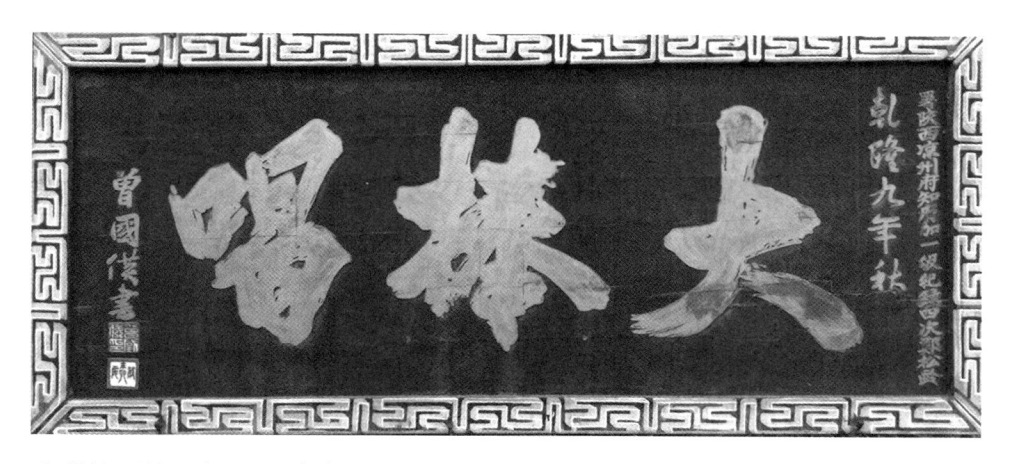

边彩绘回纹。长 2.85 米宽 1.2 米。"棒喝"来自成语"当头棒喝",原为佛教语。禅宗大师们在接引初学弟子时,不会得到明确的解答,常常用棒一击或大喝一声,促他醒悟。后常比喻用严厉的方法警告、鞭策、促使人猛醒过来。相传棒的使用始于唐代德山宣鉴高僧。德山,俗姓周,出家后苦攻《金刚经》,参透经理,彻悟较深,人称"周金刚"。有僧前来参问禅理,他不正面答复,总是操起一条白棒,对着头虚击。开口三十棒,不开口也三十棒,更不问是佛是祖,没个例外。后来,唐高僧义玄,修学二十年,在今河北正定建立临济院,创立临济宗,为禅宗支派之一。由于义玄在临济院举扬一家禅风,声名远播,问法求道者摩肩接踵,发展成为大宗派。临济宗禅风机峰峻峭,单刀直入,别成一家。义玄在只有棒打的基础上,又加一声大喝,使对方猛然醒悟。故有"德山棒,临济喝"之称。

郑松龄,雍正四年(1726 年)任武威县知县,十一年(1733 年)升任凉州知府。书写者曾国倰,在潘挹奎所著《武威耆旧传·曾太学国杰、景明经瑞(曾国杰、景瑞)合传》中有记载。曾太学名叫曾国杰,武威人。他的兄长曾国倰,字御遴,拔贡生,擅长辞赋,著有《〈离骚〉补注》,藏在家中。曾国杰以擅长书法与兄长齐名。

"慈海鲸音"匾,悬于一层楼东,该匾上款为"前分守凉庄道按察使司副使加一级记录二次菩萨保""乾隆九年九月重建"。下款为"郭朝祚书"。行楷,

赭黄底色，蓝字，周边为单栏回字纹。匾长2.85米，宽1.2米。该匾文为佛家典故，意为与众生同乐拔众生之苦的慈悲之海，有如鲸跃蒲牢宏鸣的种之音。慈，《佛学大辞典》中"慈悲"释为"与乐曰慈，拔苦曰悲"。《大智度论》卷二十七："大慈与一切众生乐，大悲拔一切众生苦。""慈海"当作与众生同乐、拔众生之苦的慈悲之海。"鲸音"，《后汉书·班固传》注云："海中有大鱼名鲸，又有兽名蒲牢。蒲牢素畏鲸鱼，鲸鱼击蒲牢，蒲牢辄大鸣呼。凡钟欲令其声大者，故作蒲牢于其上。鲸本无声，因鲸跃而蒲牢鸣，故曰鲸音。"该额用蓝色字体书写，凌空高悬，游人有海阔鲸跃、蒲牢宏鸣、大慈大悲、普度众生之感。

"菩萨保"是满洲正白旗蒙古人，雍正六年（1728年）任凉州知府，十一年（1733年）升任凉庄道。在乾隆九年（1744年）重建古钟楼之时，菩萨保已经卸任凉庄道，故署名"前分守凉庄道"。

郭朝祚（1675—？），字恬庵，一字缊宪，号退翁，室名山牧堂、敬简堂等，汉军镶红旗人，祖籍汾州（今山西孝义）。岁贡入仕，康熙四十一年（1702年）任松江府同知。康熙四十七年（1708年）署任常熟知县，因为政清廉，爱民如子，人称"郭老佛"。康熙六十年（1721年）改湖北黄州府同知。雍正元年（1723年）迁汉阳知府。雍正五年（1727年）升湖南岳常道，翌年擢湖南按察使，时正值"曾静案"风波，因"失察"之过发配西北军营效力。雍正十一年（1733年）宁远大将军查郎阿保举补授凉庄道道员。乾隆元年（1736年）后整饬临洮道，分巡兰州道。郭朝祚工诗文，擅书画。他曾将"黄州赤壁"改题为"东坡赤壁"，所撰"客到黄州，或从夏口西来，武昌东去；天生赤壁，不过周郎一炬，苏子两游"为天下名联。雍正十一年（1733）绘《征西图》即《雍正平准图》。郭朝祚的书法苍劲雄浑，笔力天成。乾隆七年（1742年）为兰州普照寺大钟楼题写"慈海鲸音"匾额。乾隆九年（1744年），亦为凉州大云寺题写"慈海鲸音"。

"声震蒲牢"匾，悬于二层楼北侧，上款为"原任广东分巡雷琼兵备道按察使司副使记录三次张玿美""原任山西太原府文水县知县苏暻""斗姥会五祈关庙耆约信士"。下款为"乾隆十一年（1746）岁次丙寅夷则月（农历七月）上浣吉旦"。阳刻楷书，金字，红地。四边绘回纹。长3米，宽0.9米。蒲牢，古代传说中的兽名。钟上多作兽纽，就是蒲牢的形象。运用"蒲牢素畏鲸，鲸鱼击蒲牢，辄大鸣"。这一典故，将钟声之宏亮、威力之大鲜明透亮地刻在纸上，让人分明感受到了钟声的震撼力，其音振聋发聩，力透纸背。

张玿美，字昆岩，武威人，康熙年间廪生，与张纶、张尔戬三人号称武威"三征士"。曾写有一首《大云晓钟》诗："梵天幽静暮烟深，声教常闻震远音。花雨一天云外落，松风满院月中吟。南园归雁惊寻侣，北渚眠鸥稳趁心。吼罢蒲牢僧人定，更无响度绿萝荫。"该诗恰入其分地反映了他参观大云钟后的心境。

苏璟，字元晖，号雪峰，武威县人。雍正七年（1729年）己酉科举人，雍正八年（1730年）庚戌科三甲274名进士，曾任山西文水县知县。

潘挹奎所著《武威耆旧传》中有《苏雪峰先生传》。根据这篇传记，苏璟是武威北乡人，据乡老讲述或为金羊镇三盘磨村人。苏璟考中进士后被委派为山西文水县知县。但因为不习惯于官场事务，不久便辞官回家，在家乡收徒讲学，被尊称为"雪峰先生"。

苏璟以文章名世，和孙俌齐名。苏璟的文章"不尚藻饰，读之甚黯然者，而于圣贤立言之旨，不一粟隔"。在乾隆年间，武威文坛推崇孙俌，而在雍正年间则推崇苏璟。

苏璟性格耿直，直露胸怀，而且身材魁梧，饭量、酒量巨大，虽然高中进士，但完全一个"赳赳武夫"的形象。乡人因而有俗语："苏公不文，李公不武。"这个"李公"，名叫李万仓，官郧阳总兵，虽是一名武将，但平生喜读《论语》，精熟历史，善于谈诗，是一名"儒将"。

苏璟善于书法，尤其工于楷书，潘挹奎评论说"雪峰先生工作楷书，腴润而有骨，观其字可想见其人"。苏暻与张玿美关系密切。张玿美总修的《五凉全志》中《武威县志》由曾钧和苏璟担任纂修。曾钧，字万楼，湖广湘潭县人。

"秀挹天山"匾，悬于二层楼西，民国七年（1918年）中秋武威人吴浈撰文。两印已风化。阳刻行书，金字，绿地，素边。长2.1米，宽0.9米。秀指

体貌或才能优美出众。《楚辞·大招》："容则秀雅，释朱颜只。"王逸注："言美女仪容闲雅，动有法则，秀异于人。"《汉书·贾谊传》："河南守吴公闻其秀材，召置门下。"颜师古注："秀，美也。"挹，舀、汲取。《诗经·小雅·大东》："维北有斗，不可以挹酒浆。"此处的天山似指武威天梯山。因文字数所限故省去"梯"字。如文庙桂籍殿卷棚下"辉映梯峰"即如此。天梯山矗立于武威东南一百里处的中路乡，是祁连山的一条支脉，山路崎岖，登临之难，犹如上天梯，故名"天梯山"。据地质专家考证，山体轮廓犹如一只出水的大龟，且天梯山在古代曾是草美地肥的好地方，故北凉王沮渠蒙逊召集天下能工巧匠开凿的凉州石窟即选在此处。此文有两层含义：一是赞美此钟或楼秀美、雅致，吸收了天地万物和山川的灵气；二是赞美造钟修楼的人，其聪明才智得益于大自然的精华。

吴滇，字南泉，清末秀才，民国初年武威的书法家。他的字自然流畅，圆润俊秀，一气呵成，有音乐的律动，有诗的激情，有绘画的笔情墨趣，令人心灵澄净。

"古钟楼"匾，悬于二层楼南，民国二十年(1931年)五月李钟美撰。阳文印一方"李钟美印"。楷书，白地，素边。匾长3米，宽0.9米。古钟楼，是大云寺的主体建筑之一，建在高12米的砖包台基上，台基呈覆斗形，基底面积379平方米。绕侧跑马台而上，可见钟楼面宽一间，进深一间，周有绕廊，重檐歇山顶，檐下斗拱施五彩，拱出较长，卷杀缓和。武威民间流传的"凉州有个古钟楼，半截子濡到天里头"，即指该楼。可见作为佛教圣地的古钟楼在当地老百姓心目中的高大与神圣。古钟楼是用木构件组合而成的，弹性好，檐柱多有侧角和生起，使整个建筑重心更加稳定。斗拱是纵横梁枋搭起来的弹性节点，具有一定的柔性，横架上的又手又有抵制构架变形的作用。这些做法都有利于抗震，在剧烈的振动中不折榫、不拨。"晃而不散，摇而不倒"，反映了武威古代劳动人民的聪明才智。1927年大地震，许多民房、寺院都毁于此劫而古钟楼独存，大钟即悬挂在二层楼正中。可见，其结构原理之合理。

"金奏高宣"匾,悬于二层楼东侧,上款"民国二十一年岁次壬申桃月",下款"经理陈克尧重彩",作者不详。两印已风化。阳刻楷书,蓝字,黄地。四边彩绘回纹。匾长3米,宽0.9米。金,一是指兵器或金属制的乐器。二是八音之一我国古代乐器统称八音,即金、石、土、革、丝、木、匏、竹八类。此处指铜钟。奏,是作乐演奏之意。宣,显示。《左传·僖公二十七年》:"民未知信未宣其用。"钟高悬在上,其音高昂,响彻云霄,突然又似铙似钹,绕梁不绝;忽而又似金似鼓,铁马铮铮,细细品味,回味无穷。

"声震陇右"匾,悬于一层楼南侧,上款"一九八三",下款"王维德",阳文印"凉州王氏",阴文印已风化。烫金,草书,白地。四边彩绘卷云纹。长2.85米宽1.2米。声,此指钟声。该钟悬挂在古钟楼上,系合金铸就,上细下粗,鼓腹,通高2.26米,上围2.79米,下围4.33米,口径1.15米。钟体饰三层富有寓意的图案,与钟珠联璧合,十分精美。钟为佛教法器,佛教徒作法事时,敲击作召集众僧之用。也有"晓击则破长夜,警睡眠。暮击则觉昏,疏冥

味'的作用。所以大云寺铜钟,既称"晓钟",又称"晚钟"。陇右,古地区名,泛指陇山以西地区,约当今甘肃六盘山以西,黄河以东一带。古代以西为右,故名。陇,甘肃省的简称。此文极力赞美该钟音质宏厚,传之久远,使人醒,催人奋进。借喻武威佛教文化盛况空前,在陇右大地独领风骚。

"玉塞清声"匾,悬于一层楼北侧,1984年春由武威书法家徐万夫书写,一阳一阴两枚印章模糊难辨。烫金,行书,绿地。四边彩绘卷云纹图案。长2.85米,宽1.2米。玉,比喻美好。塞,边界险要之处。声,此指钟声。自汉武帝开辟河西四郡移汉人充实边塞后,武威逐渐富庶起来。它东接河套,北临腾格里沙漠,南连祁连山脉,土地肥沃,水草丰美,可耕可牧,一直是兵家必争之地,战争不断。作者感慨道:"清纯的大云寺钟声响彻了美丽富饶的边塞要地—武威。凉州大地在佛光普照下,一切都是那么吉祥、如意,愿人民永远和平、幸福。"徐万夫,武威人,著名的文艺书法家。徐老先生的行书规整、方正,自成家,恰似他一生的做人,严谨中透着规矩,字如其人非常有力度。

据老人回忆说,古钟楼在20世纪80年代维修后,六块牌,即一层的"慈海鲸音""大棒喝""声震陇右"与二层的"金奏高宣""秀挹天山""古钟楼"上下挂倒了位置。从匾文的气势、内容或写作时间看,这似乎是有道理的。为了使大云寺的钟和楼保存下来,1981年迁来明正德元年(1506年)创建的原火庙大殿一座,原清乾隆年间创建的原山西会馆春秋阁及东西两廊(今会馆小学处)。这组建筑结构严谨、高大古朴,充分再现了大云寺往日风貌,为历史文化名城增添了光彩。与此同时，还新辟了四个专题展览室，分别陈列石器、屏风、书画、铜造像等，丰富游客体验。

2023年，大云寺历经两年的修缮与保护，再次重启对外开放。与此同时还推出《凉州大云寺历史变迁展》作为辅展，从战国、前凉、唐、西夏、明清民国、新中国成立后七个历史阶段介绍了凉州大云寺的历史变迁过程，并增设木质屏风、轿车实物作为新的看点。

二、海藏寺匾额

海藏寺，位于武威市城西北的金羊镇李家磨村，占地面积11600平方米。始建于晋代，明成化年间（1465—1487）重建，清代又多次修葺，据明成化二十三年（1487年）所立的《重修古刹海藏禅寺劝缘信官檀越记》碑文记载，后院灵钧台上的无量殿，为明代所建。其余保存下来的主要建筑牌楼、山门、大雄宝殿均为清代所建。据传，灵钧台原为水中小岛（高约20米），寺建于台上故名"海藏寺"。

这座大殿面阔七间，进深八架椽，副阶周匝，重檐歇山顶，通高12.23米，殿内供奉三世佛及十八罗汉。穿过大雄宝殿之后就是三圣殿，这是一处组合式殿宇，平面沿纵深方向由三座殿宇联构而成。其中主殿为七架单檐歇山顶，殿内供奉华严三圣、十八罗汉及观世音菩萨。穿过三圣殿之后为地藏殿，这座殿宇是20世纪80年代由境内大河庙搬迁至此，殿内主祀地藏菩萨及十殿阎王像。地藏殿后方为灵钧古台，古台下面是一尊高大的金色佛像。登上高台，迎面所见就是古台上的天王殿，因灵均古台上供奉的无量殿内藏有大量经文，无量殿遂更名为藏经阁。在藏经阁东侧有一眼水井，名为海兴井，又名药泉，相传为元代高僧萨迦班智达开掘。

据《明成化御敕修海藏寺碑记》所载，该寺："进深七十六丈五尺，面阔五十二丈，四面周意垣墙。建山门一间，耳房间各以三。初则天王殿三间，东西钟鼓二楼翼然相峙。廊房间各以九。中则重檐殿七间，殿后倒座观音，钻檐挟山卷篷一间；殿之前轮藏三檐，东西祖师、伽蓝二殿，巍然相向。廊房各七，碑亭各一。后殿五间，功德、护法二殿分列东西。廊房之间各以八，法堂五间，东西方丈间各十二，厢房各五。又其后筑方台，高三丈，阔一十四丈，进深十三丈。上建重檐真武殿五间，前龙虎殿三间，左右梓潼、灵官二殿各六间，东西角钟鼓楼二座，周围廊房二十三间。台下禅堂房各五间。"

该碑记立于成化二十三年（1487年），现存海藏寺内。成化十七年（1481年），太监张睿被派往镇守凉州。张睿在凉州城北海藏寺旧址基础上，在总镇甘肃太监覃礼的资助下，于成化十九年（1483年）二月开工，二十三年（1487年）八月完工。明代重修的海藏寺基本奠定了今天海藏寺的规模，方正对称、佛道相间，较为清晰完整地记载了当时海藏寺的建设工程和规模。

今天我们能够看到的海藏寺面南而开，首先映入眼帘的是一座四柱三间三层的木构牌楼，古朴典雅，巧夺天工，颇具地域特色。牌楼上书有"海藏禅林"四个大字，书法遒劲圆润、工整秀丽。左右两侧各绘有游龙一条及祥云等，整个牌楼形制十分精美。

山门上悬有一副金光灿灿的木匾，匾额周围雕刻饰有九条龙及云纹。该匾匾底镌刻有藏八宝法器，匾文为海藏寺三个大字。该匾为丙申年十月十九日，也就是2016年敬献。

海藏寺内主要有山门、大雄宝殿、三圣殿、天王殿、无量殿及其他配殿等。

大雄宝殿是古寺的主体建筑，面阔五间，进深三间，重檐歇山顶，周围绕廊，雄伟庄严。内塑三世佛和迦叶、阿难二尊者及十八罗汉、十八伽蓝及韦驮等塑像。

在大雄宝殿的檐下从右往左依次悬有"应迹西乾"匾。该匾为单框横式匾，匾底为深绿色，匾文及其他注字用金粉书写，边框以金粉绘有对称花卉纹饰。敬献者不详，信士弟子有23人叩拜。"应迹"即符合心迹，"西乾"指西天，后用以指从西域传入的佛教。

其二为"海藏天香"，该匾为恭贺海藏寺佛像开光而立，由信士4人敬献。

其三为"大圆满觉"匾，1993年中秋敬立，由信士弟子3人敬献。左右各一副联，分别为"身心圆妙""功德庄严"。

其四为《武威海藏寺大雄宝殿重塑佛像功德略述》，该匾匾文为：

大雄宝殿乃佛教寺院的主体建筑，是供养诸佛菩萨、罗汉圣僧的殿宇，是庄严肃穆的圣地，是佛教活动的场所。

历史以来，大雄宝殿，金碧辉煌，佛像庄严、僧侣重修，法轮常转，晨钟暮鼓，香火鼎盛，是丝绸之路上的一处名胜佛地。后因历史演变，殿宇屡遭兵燹，佛像无一保留，僧侣离散，残败不堪，历经重建，方有今日之规模。

为保幸存佛教古迹之完整，本寺于1961年列为省级重点文物保护单位。并拨专款加以维修，重现了昔日之风采。

自中国共产党十一届三中全会后，宗教信仰自由政策得以恢复落实，为满足信教尊重迫切要求，经武威市人民政府批准，于1986年10月，开放海藏寺大雄宝殿为佛教活动场所。从兰州五泉山嘛呢寺聘请释谛禅法师住寺，弘扬佛法，普度众生。昔日佛教圣地种善根，今已禾苗丛生，盛开因缘之花，广结丰硕之国。众生发心，皈依三宝者甚多，善男信女，朝拜佛祖者渐多。为翼我佛慈光加被，金容重辉，在政府的支持下，广大佛教徒慷慨乐助，聘请山西代县雕塑技师张平平等，于1987年3月动工，塑造三宝佛及伽叶、阿难尊者，十八罗汉、韦驮、伽蓝圣像二十五尊，并彩绘殿顶梁檩和壁画，历时半载，庄严园成。同年十一月中旬，在中国佛协理事，甘肃省佛协副秘书长、兰州市佛协会长融开法师主持下，四众弟子欢聚一堂，隆重举行开光大典，虔诚庆贺功德圆满。地、市有关部门及兄弟交汇均光临祝贺，盛况空前。

祝愿慷慨乐助，随喜功德者，功超百劫，光耀三轮。

祝愿竭力维持，多方支助者，俱蒙善利，福慧双增。

谨将施主芳名，悬匾公布，以表彰其功德。愿施主造像殊胜功德，与寺共存，流芳后世。

发起人武威市佛教协会会长　海藏寺主持僧释谛禅

督工经办人武威市佛教协会副会长宋建融

武威市佛教协会秘书长叶兴照

武威市佛教协会理事满尔成

甘肃省佛教协会副会长　酒泉市法幢寺住持僧释融照撰书

佛历二五三三年农历五月十五日　公元一九八九阳历九月十八日敬立

其五为"法相庄严"匾，该匾是由兰州白塔山法雨寺为庆祝恭贺海藏寺佛像开光仪式所敬献的匾额。该匾的原作者为启功，现悬匾额为复制品。该匾的意思是指诸法之相状，包含体相与义相二者，意为是神圣的。

其六为"物阜民康"匾，该匾为纪念海藏寺修复之事所敬立的。匾上共有44位三宝弟子叩拜。

其七为"法音宣流"匾，该匾匾文由篆书书写。该匾为海藏寺佛像开光之时所敬立，信士弟子16人叩拜。该匾悬于大雄宝殿背后，还有一副联语，上联为"种瓜得瓜种豆得豆举念时须修善果"，下联为"说法非法说相非相会心处才是上乘"。

其八为"千祥云集"匾，书写者不详，信士弟子有40人。该匾文是句吉语，意为众多吉祥如云般从各处集聚而来，也可以说是很多福气同时来临。常见于道教典籍与祷辞。

其九为"庄严国土"匾，于海藏寺佛像开光时敬立，有信士弟子18人敬献。"庄严"是指佛家对表相事物，或心理行为的道德意义的修饰、加强，称为庄严。"国土"的意义比较广泛，在佛教指大到我们所生存的地球乃至宇宙，因此该匾也是佛教信奉的一种理念。

其十为"同登彼岸"匾，该匾为庆祝海藏寺佛光重辉而敬献，该匾文下方共有48位信士弟子。

在三圣殿门口有楹联一副，上联为"贝叶真经戒定慧三条法要"，下联为"莲华妙相开思修一味圆通"。

在该殿檐下也悬有数块匾额，从左至右分别是：

其一为"导皈极乐"匾，该匾是1993年由三宝弟子4人阖家拜叩敬献。

其二为"知恩报恩"匾，该匾为恭贺海藏寺佛像开光而立，匾文下方共有信士28人敬献。

其三为"利乐有情"匾，该匾为恭贺海藏寺佛像开光而立，匾文下方共有三宝弟子48人敬献。

该殿背后亦悬有匾额，分别为：

其一为"大慈大悲"匾，该匾为恭贺海藏寺佛像开光而立，为武威市恒沙寺、清凉寺、光佛寺、东竺寺、高兴寺、天成寺、法沦寺、红沟寺、观音寺、松涛寺敬贺。

其二为"慈航普度"匾，该匾下方共有三宝弟子13人阖家叩拜敬献。

其三为"幽冥教主"匾，该匾为1993年为庆祝大佛会而敬献，匾额左侧有9位信士弟子。

其四为"弘范三界"匾，2000年恭贺海藏寺佛像开光暨理智法师荣膺方丈时立，匾额左侧有信士名单。并有联语"慈海无边普度众生　寺藏真经教化群迷"。

距离海藏寺西南方有一座庙宇为天仙宫，门口悬有"天仙宫"的匾额一方，为1993年所立。并有联语"秋水一泓鱼游自乐　松风半榻鹤门同情"。该殿门背后亦有一块匾额为"彰善瘅恶"。

内侧里门上方悬有"财神庙"匾，有联语"今古乾坤昭化有　海天日月共光华"。

该庙内侧有三殿,其一为"三星殿",其二为"娘娘殿",其三为"药王殿"。

清代武威著名学者张澍游海藏寺写下"虢虢清泉向北流,招提切汉惯来游。不询僧腊嫌饶舌,久读碑文觉渴喉。曲沼嘉鱼跳拨刺,高松怪鸟叫钩舟。此间消夏真佳境,况有溪边卖酒楼",生动地描绘了海藏寺的自然风光和人文景象。

1973年以来,省、市拨款对海藏寺进行了大规模维修。1982年,以海藏寺为主开辟了海藏公园。1981年9月10日,海藏寺被省政府重新核定公布为省级文物保护单位。

三、雷台观匾额

雷台观,位于武威市城东北。清代武威金石学家张澍曾有"伏龙城外听秋风,百尺危楼宿霭空"的诗句,就是形容观内建筑的巍峨。雷台观的始建年代不详,据清乾隆三年(1738年)所立《雷台观碑记》记载,明代天顺年间(1457—1464年)因"冰雹伤禾、敕建重修"。后来经过不断维修与扩建,逐渐形成现有的建筑规模。

道观面南而建,大部分建筑位于一座高约8.5米,南北长106米,东西宽60米的长方形夯筑土台上。台前为道观山门,入山门,步台阶而上为雷台观主体建筑,自南而北依次排列着二平门、风伯雨师殿、雷祖殿、三星斗姆殿,主殿两侧皆有东、西配殿、廊房等。主殿为雷祖殿,殿为重檐歇山顶屋面,保存较为完整。整个建筑群体布局严谨,雄伟庄严、飞檐斗拱,是目前武威地区规模较大的道教建筑之一,对于研究古代特别是明清时期的建筑特色和风格具有十分重要的意义。

1993年雷台观被甘肃省人民政府公布为省级重点文物保护单位。

20世纪60年代后期,雷台观内神像及其部分建筑遭到严重破坏,致使观内颓败不堪，原有的匾额、楹联荡然无存。1981年以来，武威当地政府对这座蕴含着丰富道教文化内涵的古代宫观进行了大规模的加固与维修，基本恢复了其明清古建筑的本来面貌。1987年，武威市当地的多位书法、绘画名家为雷台观内主殿、二平门以及风伯雨师殿等立匾题字。2003年，甘肃省书法家协会会员又分别为观内题写了楹联，使雷台观内匾额、楹联得以补全。

雷台观内现存匾额一共五块，主要集中在道观内中轴线主要建筑上，均为武威现代书画名家所题，内涵丰富、意蕴深长。

（一）"雷台观"匾

高悬在山门上方的金字横匾"雷台观"，为武威现代书法名家王维德1987年的墨迹，笔力遒劲，灵活舒展。

（二）"步云"匾

登台而上的二平门正中匾额上是武威书画名家丁二兵所题"步云"二字，其字体圆润流畅、豪迈骏逸。"步云"语出《史记·范雎蔡泽列传》："须贾顿首言死罪，曰：'贾不意君能自致于青云之上。'"以后，宋代袁文《瓮牖闲评》第三卷还有："廉宣仲才高，幼年及第，宰相张邦昌纳为婿。"当徽宗时自谓平步青云。这里取"步云"二字，应是一语双关，既指雷台之高，需要步步登台，逐层而上，也指登高步云，入道教之神仙地，反映了道教羽化成仙、登青云而上的思想。

（三）"风起云蒸"匾

二平门后一过殿，名风伯雨师殿。内供风伯、雨师二位统管刮风、下雨之神。殿上为武威现代书法家徐万夫所题"风起云蒸"匾额，其书体苍劲有力。"风起云蒸"一词出自司马迁《史记·太史公自序》中："秦失其政，而陈涉发迹，诸侯作难，风起云蒸，卒亡秦族。"这里意指大风刮起时，云朵涌集，大有暴雨欲来前乌云滚滚、来势汹汹之势，同时也暗喻了风伯、雨师的职能所在。

（四）"雷霆万钧"匾

风伯雨师殿后为雷台观之主殿雷祖殿。雷祖殿始建于明代，现存建筑为1933年再建。大殿位于雷台中轴线最中间，殿内正中供奉着面如赤金、额生三目的雷部总神雷祖。雷祖，为《封神演义》中商纣王的太师闻仲，后来姜子牙封神时将其封为九天应元普化天尊，专门掌管兴云布雷、养育万物等事宜。左右两侧有雷祖部将，右侧为辛环、邓仲，左侧为章节、陶荣。

雷祖殿上悬挂"雷霆万钧"四字。此匾与山门上"雷台观"均为武威现代书法名家王维德所题。"雷霆万钧"一词出自《汉书·贾山传》："雷霆之所击，无不摧折者；万钧之所压，无不糜灭者。"意思是说雷声响起震耳欲聋，如劈雷轰击，又如万钧加顶，所到之处可说是摧枯拉朽，无所存留。以后"雷霆万钧"也被用来比喻雷声威力无比，不可阻挡。

在自然崇拜中，雷电使古代先民感到格外敬畏，滚滚巨雷如天神发怒，震撼寰宇。它伴着霹雳闪电，挟着暴雨狂风，铺天盖地而来，势不可挡。雷台观内将主管兴云布雨、养育万物的雷祖作为主神来祭拜，这与武威当地一段传说有关。

相传，明代天顺年间，武威连年冰雹，庄稼颗粒无收，当地百姓苦不堪言。有一年春夏之交，冰雹又接连不断，民怨四起。官府实在没有办法，就广请道士设坛拜祭以求上苍显灵，怜悯众生。拜坛的时候老百姓们哀号一片，涕泪涟涟。也许是被百姓的虔诚打动，雷祖派手下部将辛环、邓仲显灵，画咒镇灾。从此，武威境内再无冰雹之灾，人民安居乐业。当朝皇帝英宗听说此事后，下令重建了此道观。当地百姓感激雷祖显灵带来五谷丰登，在道观修好后，常年前来祭拜，以求雷祖保佑，保佑当地风调雨顺、五谷丰登。

自春秋战国以来，人们认为雷神能辨别善恶、主持正义、代天执法，凡是有不孝顺父母，或作恶多端之人，就会遭到雷劈天谴。因此，炸雷响起，往往令人心生恐惧，从而起到震慑作用。这里的"雷霆万钧"除形容雷声震耳欲聋外，也是使民间百姓产生对于雷祖的敬畏，以宣扬中国传统思想中让人们多做好事、惩恶扬善的道德观念。

（五）"三星高照"匾

雷祖殿后的三星斗姆殿为雷台观最高之建筑，属二层重檐歇山顶屋面。整个建筑巍峨壮观，高耸入云。因殿内供奉福禄寿三星，1987年武威著名书法家马玉浩在此题写了"三星高照"四字，现高悬于殿上。这四字书法严谨，用笔刚劲雄健、雍容大度。三星，出自《诗经·唐风·绸缪》："绸缪束薪，三星在天。"民间百姓认为，这福禄寿三颗亮星高照，象征吉祥幸福、健康长寿和富裕。其中的寿星也与道家追求长生不老之意相合。

武威雷台观内之所以供奉雷部总神雷祖以及风神、雨神，折射出来的是作为西北内陆城市，风调雨顺对于农业收成的重要性。人们将这一美好愿望寄予统管风雨雷电的道教神仙雷祖上，时时祭拜，至今不断，反映了古今民众们对于幸福生活的一种美好期盼。

而悬挂于雷台观内的这些寓意深远或具吉祥含义的匾额，与国内其他寺庙宫观内的匾额一样，它们不仅凝聚着文人们的聪明才智，同时也体现着万千民众丰富的精神生活和文化内涵，是武威悠久文化传统、风土人情和道德伦理的再现。几十年间，这些由武威现代文人书写的匾额已与观内雄伟壮观的古建筑古今结合、相互辉映，成为雷台观内不可或缺的部分。可以说正是由于它们的点缀，才使今日的雷台观愈发熠熠生辉，增色不少。

雷台观内的这些匾额虽多为武威现代书法家所撰写，但其书法或刚劲雄健，或敦实凝重，或沉稳圆润。匾额上的内容语句经典紧扣主题，寓意深刻又耐人寻味。这些匾额是古城武威悠久历史和文化的延续，体现了武威现代文人们继承前人广博的知识、深厚的文化修养以及精湛的书法造诣，并将匾额艺术这一传统文化发扬光大的优点，这是对中国传统文化的最好传承。

四、鸠摩罗什寺

武威鸠摩罗什寺位于凉州区北大街，是全国唯一以鸠摩罗什命名的寺院。

据史料记载，寺院最早建于后凉（386—403年），距今已有1600多年的历史。鸠摩罗什寺是为纪念我国古代著名的西域高僧、佛经翻译家鸠摩罗什在武威弘扬佛法、翻译佛经的功绩而建造的，其中的罗什寺塔，相传是鸠摩罗什大师圆寂后"薪灭形碎，唯舌不坏"的舌舍利塔。

东晋太元八年（383年），吕光率军打败龟兹，并将西域高僧鸠摩罗什带回长安。因为在中途听到秦王苻坚被杀的消息，于是吕光便在凉州驻兵建立后凉政权，鸠摩罗什也因此在凉州停留了十七年之久。

吕光为笼络鸠摩罗什，为其修建了一座精舍，以供鸠摩罗什日常起居和讲经说法。401年，后秦国王姚兴派遣陇西公姚硕德灭后凉，将鸠摩罗什迎至长安。十二月二十日，鸠摩罗什抵达长安，被姚兴尊为国师。此时的鸠摩罗什已经58岁了，从此鸠摩罗什便在长安译经说法，直到去世。

鸠摩罗什寺也历经沧桑、多劫多难，塔及寺院在唐代大力扩建，在明、清皆有修葺。

明朝初年，社会逐渐稳定、经济有所发展。永乐元年（1403年），在张掖从军的鄱阳军夫石洪，客居凉州。他发现罗什寺废墟"寺堂基址，瓦砾堆阜，榛莽荒秽丘不存"的罗什寺废墟时，心中感慨万千，萌生了在废墟之上修建塔寺的房屋的想法。动工后工匠挖出一块银牌，上面清楚地写着"罗什寺"三个大字。石洪这才知道，该地原来为鸠摩罗什寺的旧址。永乐二年（1404年），鸠摩罗什寺重建正式动工，到年底就完成了正殿的修建，第二年完成全部修复工程。雕塑彩绘、一应俱全。明永乐十三年（1415年）末，又修复了观音殿和罗汉殿。

明朝后期，鸠摩罗什寺被朝廷钦定为陕西凉州大寺院。明英宗正统十年（1445年）二月十五日，朝廷为鸠摩罗什寺颁发《大藏经》，并下了圣谕。圣谕中说："刊印大藏经，颁赐天下，用广流传，兹以一藏，安置陕西凉州大寺院，永允供养。"这道圣谕现在还完整地保存在武威市博物馆。

清朝康熙二十八年（1689年），鸠摩罗什寺又有过一次大型的修缮，这是明永乐元年以后又一次比较大的修复工程。据《重修罗什寺碑记》记载，经过这次重修的鸠摩罗什寺"前后三院，焕然一新，乃五凉之福地，壮丽改观，诚河西之胜地也"。

1927 年，发生的大地震，凉州的许多名胜古迹被毁坏殆尽，城内的鸠摩罗什寺、大云寺、清应寺等无一幸免，全被毁为一片瓦砾。大云寺塔、清应寺塔均被摇倒，只有鸠摩罗什寺塔还残存半截。到了 1934 年，武威在原址上重修了鸠摩罗什寺塔，才使历史古迹得以保存。

1938 年，罗什寺宅地被武威第四中学占用，拆除了残存的佛像。1956 年，寺院旧址成为武威市公安局、检察院、法院的办公场所。

1998 年，武威市人民政府根据武威市佛教协会的请求，批准修复鸠摩罗什寺。同年，经甘肃省宗教局批准，成立了鸠摩罗什寺筹建处，鸠摩罗什寺正式开放为佛教活动场所。2001 年 7 月 1 日，正式启动修复鸠摩罗什寺工程。此次修复建设，鸠摩罗什寺的主要建筑有：山门、大雄宝殿、藏经楼、多功能般若讲堂、鸠摩罗什祖师纪念堂、鸠摩罗什佛学院、鸠摩罗什佛教文化研究所、鸠摩罗什三藏院、关房、念佛堂、佛教教育视听图书馆、佛教书画院、佛教博物馆、佛教慈济中心等。

鸠摩罗什寺目前保存的匾额数量较多，但多为近人书写敬献，下面进行简要介绍。

"大雄宝殿"匾，此匾由赵朴初于 1992 年题写。匾长 480 厘米，宽 180 厘米，现悬于寺大雄宝殿正上方。

"罗什法师纪念堂"匾，此匾由赵朴初于 1999 年题写。匾长 460 厘米，宽 90 厘米，现悬于寺院罗什法师纪念堂正上方。

"罗什塔院"匾，此匾由传印法师于 2012 年题写。匾长 360 厘米，宽 120 厘米，现悬于寺院东门罗什塔院入口上方。

"鸠摩罗什寺"匾，此匾由饶宗颐于 2012 年题写。匾长 480 厘米，宽 113 厘米，现悬于大雄宝殿正上方二层。

"人间净土"匾，此匾由理方法师于 2013 年题写。匾长 460 厘米，宽 130 厘米，现悬于寺院东门上方。

"大光明藏"匾，匾额注字为"鸠摩罗什寺理方大和尚方丈升座大典"。此匾由张山于 2016 年 5 月题写。匾长 360 厘米，宽 90 厘米，现悬于罗什法师纪念堂。

"理化十方"匾，匾额注字为"理方大和尚印可　报恩寺普正恭贺"。此匾由上海龙华寺方丈、上海市佛教协会副会长照诚法师于 2016 年 6 月题写。匾长 460 厘米，宽 130 厘米，现悬于大雄宝殿上方二层。印可，佛家谓经印证而被认可，禅宗多用之，亦泛指同意。《维摩诘经·弟子品》："若能如是宴坐者，佛所印可。"报恩寺为兰州报恩寺。

"法相庄严"匾，匾额注字为"祝贺理方法师荣任武威鸠摩罗什方丈　兰州佛教弟子敬献　丙申年仲夏张永清书"。此匾由张永清于 2016 年 6 月题写。匾长 360 厘米，宽 90 厘米，现悬于观音殿正门上方。

"慧日高悬"匾，匾额注字为"理方法师升座志庆　香港观宗寺　香港正觉莲社贺"。此匾由香港观宗寺宏明法师于 2016 年 6 月题写。匾长 360 厘米，宽 90 厘米，现悬于大雄宝殿正上方。

"高树法幢"匾，匾额注字为"贺理方大和尚升座　丙申仲夏金陵里海"。此匾由理海法师于 2016 年 6 月题写。匾长 420 厘米，宽 130 厘米，现悬于大雄宝殿背面正上方。

"爱国爱教"匾，匾额注字为"中共武威市委统战部　武威市民族宗教事务委员会　凉州人翟相永书"。此匾于 2016 年 6 月题写。匾长 400 厘米，宽 120 厘米，现悬于寺院大雄宝殿正上方。

"普照十方"匾，匾额注字为"理方法师升座大典　兰州脱浩东敬献　张改琴书"。此匾由张改琴于 2016 年 6 月题写。匾长 400 厘米，宽 120 厘米，现悬于寺院罗什法师纪念堂内。

"无上法门"匾，匾额注字为"理方上人升座之庆　福州开元寺方丈本性领众书贺"。此匾由本性法师于 2016 年 6 月年题写。匾长 460 厘米，宽 130 厘米，现悬于大雄宝殿背面正上方。

"圆融无碍"匾，匾额注字为"法师荣任鸠摩罗什寺方丈升座 兰州兰山普照寺理旭率两序大众敬贺"。此匾由理旭法师于 2016 年 6 月敬贺，书者不详。匾长 460 厘米，宽 130 厘米，现悬于大雄宝殿背面正上方。

"升无上堂"匾，匾额注字为"武威罗什寺理方大和尚方丈升座志庆 天台山国清讲寺住持允观敬贺"。此匾由允观法师于 2016 年 6 月题写。匾长 300 厘米，宽 90 厘米，现悬于大雄宝殿正上方。

"弘范三界"匾，匾文注字为"理方法师升座之禧 丙申夏月敬亚题"。此匾由徐敬亚于 2016 年 6 月题写。匾长 420 厘米，宽 130 厘米，现悬于大雄宝殿背面上方二层。

五、民勤圣容寺匾额

圣容寺现位于民勤县城西南部，占地面积 7062.5 平方米，文物建筑总建筑面积 2756.62 平方米，东西宽 56.5 米，南北长 125 米。圣容寺坐北向南，中路三进院落，纵列山门、大雄宝殿、三圣殿和藏经阁四座主要建筑。

据《镇番县志》记载，圣容寺始建于明洪武九年（1376 年），由指挥使陈胜创建于城东南隅，成化五年（1469 年）由守备马昭移建今址。

民勤古名"镇番"。明洪武年间，镇番置卫。镇番卫城依托元代小河滩城旧址进行建设，城墙周长六里三分二十三步，高三丈二尺，城墙厚二丈余。"圣容"的得名缘于其正殿内供奉的不是佛像，而是明太祖朱元璋的"万岁金座"。这也反映出明代戍边文化下谋求国家统一、稳定，强化皇权的特点。

清代甘肃皋兰县人、镇番教谕张系铭曾作《圣容寺》："僻巷古刹圣容寺，钟楼掩映入云际。仙碑照人见肝胆，藏经阁内住金佛。"则充分显示了其社会教化功能。

圣容寺由第一进院落、第二进院落、第三进院落、观音堂院、韦驮殿院与圣母殿院等院落组成，其承载了圣容寺的历史景观、风貌及所蕴含的珍贵信息。文物建筑包括：山门、大雄宝殿、三圣殿、藏经阁、西斋房、东斋房、大雄宝殿西配殿、大雄宝殿东配殿、三圣殿西配殿、三圣殿东配殿、鲁班殿、观音堂、韦驮殿、韦驮殿斋房、藏经阁西配殿、藏经阁东配殿、藏经阁下配殿等建筑。

圣容寺门口悬有"圣容寺"三字匾额，但未有落款及时间，蓝底、金字。门口匾额两侧，分别为"道光癸巳　刘克贞题　宝杵远镇"匾、"道光癸巳　吕赞阳题　威严独檩"两块匾额。

门口背后悬有匾额为《补修圣容寺碑记》，现将匾文录入如下：

镇番，古休屠泽也。自汉武斥逐匈奴，降其王归我函夏，渐成文治。唐李陷于吐蕃，宋为赵元昊所据。民物胥而为夷，至胡元为极。我朝圣祖，殄歼元憝，廓清环宇，遣宋国公冯胜统兵下河西，余孽殆尽。爰设为卫，徙内地民戍之。数百年之腥膻一时汛扫，亿万载之谟业于斯肇造矣。

时，遵化马公得，从戎伍征讨，屡成克复大功，历升指挥同知。已而，选调于此以拒胡。继而，公麟征剿，多克，进阶都指挥使，镇番赖以守固。又继而，公昭累功陞都阃，再守兹土。事事造端，有古名将经略。开拓旧城，以广民居；御外侮，疆域既固矣；修车马，备器械，戎事具举矣；添设马营墩塘，筹牌络绎，斥堠则严矣；城楼、角楼、学宫、公廨、铺舍、仓厂，与夫城市坊牌、闾巷相继建立，经营规制若备矣。乃虑夫，习仪无所，晨昏无节也。为之，卜地建一寺院，题曰："圣容"。韧钟鼓楼于寺前，两台对峙；殿宇门廊，经画维备，屹然一巨观。就中设皇帝万岁金座，为咫尺天威之所。以边俗崇尚巫释，信因果感应之说。事神谨于事官，乃择所敦信者，为之地而习礼仪。庶几瞻者起敬，而生忠信诚慤之心。所以治教休明，彝伦攸叙，百蛮效顺，王风大同，皆外攘内治所致，在今一统之有镇番，非马公孰开其始？非马公孰成其终？真可谓社稷臣也。祭法曰："以劳定国则祀之"。宜其配享苏（武）、金（日䃅）二公，报功之无尽矣。

三世孙马君恩，克承厥志，脱颖于卫，为酒泉参戎，诸羌警服。归来，顾瞻兹寺，有倾圮之甚者，捐己资而葺之，盖不忘先人之遗泽也。君子曰："肇基栋宇，非以邀福，所以萃人心而成礼教，有默化边人之机。是故可以观忠；修复梵宫，不惟好异，不忘前人之事业沦胥，以至于敝，是故可以观孝，寄心思于至微，莫遇人远矣，然建之修之，皆未有记。虽弼成疆理诸务，亦无刻以传。非固昧之，不欲彰之也。君子之世勋再荫荣施，即补石征文以记。

夫莫为于前，虽美弗彰；莫为于后，虽盛弗传。昔公守土二十余年，鸿功骏业，具在人心，著于口碑，至今颂之不衰。固不止此，公之子孙，麟趾振振余庆，沛流固非，缘此遂扬其盛。然仁孝之至萃于一门，此可推类以尽其余矣。议者谓，公忠贞盖世，有安攘伟绩。今日之世德无忝，家声丕振，固垂裕致然，天其亦有以报之也。佛力云乎哉？

是则斯举也。非佟心淫祀，可以助礼教之所不及；非福其家，所以福吾国吾民于大顺。此固非作者之微意乎！丐词以记，且无乐乎。建寺之名，余因其补碑而原其大意，岂敢曰记。

前明嘉靖三十年邑人柳子介撰

公元一九八四年十月马玉浩录

该匾简述了镇番政治归顺状况，颂扬了明将马得祖三代拒胡征剿、开拓边疆，肇建圣容寺的功绩以及其三世孙马恩捐资修缮寺院的善举。柳子介，明镇番卫人，嘉靖二十一年（1542年）贡生，曾任云南何迷州州同、楚雄府通判，学问很高。

山门背后还悬有1989年李怀琳撰、王兆强书的匾额《复兴圣容寺碑记》一块，记述了圣容寺损坏之后，兰州五泉山寺、海藏寺等地法师及弟子对其的修缮历程，也对此次修缮使得佛法得以弘扬进行详细记载。

目前，圣容寺内还悬有以下匾额。其一为"万德圆融"，该匾为丁卯年（1987年）元旦由沙门弟子融开拜叩敬献。该匾制作较为精美，匾底为黑色，匾文及其他注文均为金粉书写，外部边框内还绘有花卉纹饰。

正殿门口悬有"大雄宝殿"匾，由林中阳书写，落款及时间无。

三圣殿门口悬有"安危呵护"匾，左右两侧还有附联，分别为"岁次丁卯年葡月下浣穀旦""沙门弟子融开献 苏山 沙书"。该匾古朴雅致，匾文笔法飘逸流畅。

观音堂门口悬有"慈航普度"匾额，由1999年永登县清凉寺敬献。

圣容寺内还立有数块石碑，清嘉庆二十四年（1819年）所立的《生员碑》卧碑（碑文见《武威金石志·民勤卷·碑石》）、汉中郎将苏武牧羝处碑、重修丽泽宝塔寺记碑以及民国年间的图书馆卧碑等四方碑碣。

第三节　匾额与民俗文化

一、古浪大靖财神阁匾额

大靖镇是古浪县东部山川乡镇和连接甘、青、宁等地的交通枢纽，自古就有"扼甘肃之咽喉，控走廊之要塞"之称。明万历二十七年（1599年），甘肃巡抚田乐、总兵达云等集兵万人，打败阿赤兔收复其地，取安定统一之意改为大靖。

据史料记载："民户多于县城，地极膏腴，商务较县城为盛。"鼎盛时期，城郭完整，民舍稠密，商旅行栈，店铺林立，寺庙宫观，鳞次栉比，商贾云集，络绎不绝，形成重要的商贸古镇。财神阁、马家祠堂、马庙会馆、青山寺等历史文化遗迹久负盛名，游人不绝；大靖峡水库灌区和以"中华之最"之称的景电二期引黄灌区沟渠交错、林木掩映；社火、宝卷等民俗文化淳朴，气息浓郁，形成了独具特色的人文历史景观。

财神阁又名鼓楼，位于大靖镇城内什字中心，建于清康熙五十七年（1718年）。1987年依式进行了重建。登临财神阁，全镇景象尽收眼底。财神阁以16根通柱建起，总高21米，周长30米，上下三层。底层砖基为重建时新筑，当中开十字拱门，贯穿四面街道。二、三层为原有木楼，单檐歇山顶，进深一间，周围有绕廊，廊宽2米，中间施有三踩斗拱，次间一踩，每个柱头施一踩，柱子两端施柱牙。刀刻缠枝纹，檐下平板亦刻缠枝纹，起脊翘角，脊中间起南北二小脊，东西又起一脊，里面是伞盖尖顶建筑式。三楼安装阁门，阁中塑有财神坐像一尊。二楼四面敞开，依东南西北，依原匾文字重题"节荣金管""恩施泽沛""永锡纯嘏""峻极天市"四块匾额。字体遒劲有力，风格各领千秋，寓意深远。

2001年，邑人又在财神阁的四个门洞上方分别书写了"昌灵滴翠""高峡吐玉""高塬流金""瀚海藏珠"十六个鎏金大字。

其一"峻极天市"。《礼记·中庸》："发育万物，峻极于天。"郑玄注："峻，高也。"孔颖达疏："言圣人之道高大，与山相似，上极于天。"后以"峻极"谓极高。"天市"为星名，该匾意为大靖百姓安居乐业，市场兴旺发达，一到晚上，万家灯火，交相辉映，就像天上的街市，以此形容大靖繁华热闹到了极点。

其二"恩施泽沛"，"恩施"是指恩赐、恩惠，形容恩惠像雨露一样滋润得草木欣欣向荣、枝繁叶茂。大靖南部群山逶迤，草木葱茏。大靖峡水流奔涌，滋润着下游肥沃的十地而使得大靖物产丰富、人杰地灵。

其三"节荣金管"，"金管"即金管的毛笔。五代孙光宪《北梦琐言》："梁元帝为湘东王时……笔有三品，或以金银雕饰，或用斑竹为管。忠孝全者，用金管书之；德行清粹者，用银管书之，文章赡丽者，用斑竹管书之。"该匾是指大靖民风淳朴、人民敦厚、人才辈出、德行高远，历史上出现过许多有气节或节操的人物，这些人物的事迹值得用金管之笔大书而特书。

其四"永锡纯嘏"，"永锡"是指孝道，后泛指永远供给，形容恩遇之隆。"纯嘏"即指大福。该匾是形容大靖自然地理条件优越，交通便利，人民勤劳朴实，商贸活动频繁，文化教育发达，是因为大自然向大靖人民赐予了莫大的福气。

其五"昌灵滴翠"，该匾是指古浪著名景点昌灵山，意在形容昌灵山森林茂密、苍翠欲滴。该地是青海云杉最北的生长点，也是当地百姓避暑纳凉的极佳场所。

其六"高峡吐玉"，大靖镇南面，群山逶迤、山石狰狞，山势极为险峻，素有"一夫当关、万夫莫开"的大靖峡口，又称为"大峡口"，而在峡谷谷底则有潺潺流水，因此故称为"高峡吐玉"。

其七"高塬流金"，大靖镇的西面，是一片隆起的高原，这片土地哺育了大靖人民，因此他们认为古浪之地遍地黄金，只要勤恳劳作，就会有幸福美好的生活。

其八"瀚海藏珠"，"瀚海"一方面形容北海、另一方面是沙漠的古称。该匾形容大靖镇北面与腾格里沙漠是瀚海，而大靖镇如同一颗闪耀的明珠。

大靖镇郊即是长城。明朝初年朱元璋实行戍边军屯，这里就是颇有名气的"大靖营"。前后两道长城，"旧边"在大靖南 55 千米的地方，而"新边"就在大靖北面 1 千米。"新边"残存的土墙仍有一米多宽，爬上土墙往东走，老远就能望见一座高大的烽火台，显得十分壮观。烽火台足有 10 多米高，黄土垒就，直上直下，在荒芜的戈壁上显得非常突兀。烽火台下有一个仅可一人进出的门洞，里面十分狭窄，空无一物，但昔日可是进出大靖营的要隘，是河西走廊通往内蒙古腾格里沙漠的必经之地。

山脚下长城内侧有一座规模颇大的寺庙——青山寺。青山寺始建于南北朝时期，后被毁。20 世纪 90 年代在原址重建大雄宝殿 1 座，厢房、斋房两院。青山寺历史上就是汉、藏、蒙古诸民族宗教信仰文化交流的场所。

古浪社火遍及城乡，且村里都组织有"元宵会"，专管闹社火事务。旧时，每年从正月初六到二十日为闹社火时间，各村又依具体情况，或七八天，或十多天不等。社火队奉庄王爷为祖师，开闹叫"出身子"，要全体敬拜庄王；闹毕，谓"卸身子"，亦要全体谢庄王。"社"，古指土地神。《周礼正义》记载："人非土不立，非谷不食，土地广博不可偏敬也……故封土立社。"郑玄作注："后土，社也。"以后为便于祭祀土地神，又称谓社为地域区划小的单位。《管子·乘马》曰："方六里，为社。"即方圆六里为一社。以社为单位"击器而歌，围火而舞"，故称社火。由此可知，从古至今，社火都有祭祀、祝福之意。

二、凉州区下双大庙匾额

下双大庙位于武威市凉州区东北 18 公里的下双镇下双村二组。寺院南北长 89.7 米，东西宽 34.5 米，占地面积 3094.7 平方米，建筑面积 712.48 平方米。建筑坐北向南，平面呈三级阶梯状的长方形，沿中轴对称布局，依次由魁星阁、过殿、无量殿、三清殿等主体建筑组成。院落地势南低北高，高低起伏，错落有致。根据高差，院落阶梯可分三级，魁星阁建于最低地势，过殿及东西配殿建于第二地势（高差1.2米），金刚殿、火神殿、财神殿、药王殿、无量殿、娃娃殿、娘娘殿、三清殿建筑建于最高地势的夯土台上（高差8米），是武威市保存较完整的一处道教寺院古建筑群。

下双大庙亦称关帝庙，始建于明代中期，经历次扩建，至清嘉庆年间续建魁星阁，形成寺院规模完整建筑。据《武威市志》载："下双大庙……初建年代不详，从大部分建筑风格看为明代。"其中融入了道教内容，后屡有扩建。大庙因历史变迁年久失修、人为及自然风雨侵蚀，导致现存文物建筑本体遭到严重破坏，部分建筑已毁，亟待及时进行抢险修缮。1927年武威发生大地震，众多建筑被毁。同年6月又遭遇水灾，寺院再次受损。灾害过后，当地群众自发集资，对大庙进行了大规模修缮。1951年以后，大庙山门、灯山楼、土地祠、孤魂堂、十王殿、灵光殿、娃娃殿被陆续拆毁。现存古建筑殿内壁画保存完整，壁画内容有道教故事、三国故事、十八层地狱阎罗故事，对研究当地群众的宗教信仰、民俗文化提供了不可多得的实物资料。1993年，经甘肃省人民政府重新核定，公布为省级文物保护单位。

下双寨大庙魁星阁建筑修建在高3米的砖砌夯土台上（原为夯土台，1983年进行了砖砌加固），为重檐"天圆地方"八角式圆顶建筑。该建筑自下而上由覆钵、露盘、圆光构成，顶部为绿色琉璃瓦，上有葫芦形宝瓶。从远处看，葫芦形宝瓶像一直立的牛角。传说中的魁星头上长着角，这个宝瓶就是仿照魁星头上的牛角而建，可谓匠心独具、设计精巧。

魁星阁为亭式土木结构建筑，主体建筑坐东朝西，底下两层结构相近，檐柱四周施灯笼套方锦木质栏杆，金柱四周置六抹槅扇。一层正面施六抹槅扇十字正交菱花心屉，其他三面为墙体，山墙两侧镶嵌仙鹤砖雕图，阁内四周墙残存部分壁画。南外墙上端悬挂乾隆三十四年（1769年）"神武不杀"匾额一块。

从北面出廊，登木质楼梯至二层，四面环绕木构回廊栏杆，金柱间装六抹槅扇门。室内供奉魁星像一尊（约20世纪八九十年代塑），金身青面，赤发环眼，头上有角。右手握朱笔，左手持墨斗。右脚呈金鸡独立状，踩着鳌头；左脚后踢，上有北斗七星。意谓魁星点状元。穹顶装木构八角形藻井，悬挂"笔点青云"木匾一块。三层为圆形亭子，亭子顶部饰绿琉璃构件及葫芦宝刹。

下双寨大庙魁星阁建筑与凉州区其他魁星阁建筑相比，造型独特，结构严谨，布局合理。殿内壁画内容丰富，线条流畅，构图形象逼真，保存相对完整，极具历史价值和文化价值。

藻井是中国古建筑的一项绝学。古人认为，井中有水，水火相克，将屋顶的通风口制成水井状，并在四周雕刻水藻纹路，可以防止木制建筑毁于火灾，确保家宅平安。下双寨大庙魁星阁二层阁楼顶部，装设的木构八角形藻井，结构合理、做工细致、造型别致，在武威藻井式建筑风格中可谓独树一帜，堪称精绝。尤其是八角形藻井内镶嵌的八角形木质匾额更为珍贵，上书"笔点青云"四个赤色行楷书法大字，笔力遒劲，结构精严，行云流水。匾额通体黑底赤字，八角外框通体赤色，雕刻有形态多样、形象逼真类似盛开的白色牡丹、红色芍药、绿色花叶等多种植物。内框通体红色，雕刻有色彩多样、造型丰富的祥云。匾额中的有关文字信息如下：

匾额上款为：嘉庆甲戌仲秋月吉旦叩

匾额正文为：笔点青云

匾额下款文字分两部分，第一部分内容为：信士严济顺，偕男峒、鳌，孙囗庆。第二部分内容为：邑庠弟子王席珍敬撰并书。

引首章：山情音。

落款章：两方，阳文章和阴文章已盗失。

匾额中心位置雕八卦图。

过殿亦称大殿及关帝殿，沿中轴线修建，坐北向南。建筑面阔三间，进深三间，前后出廊，为一殿一卷式硬山建筑。明间前后各开槅扇门，次间前后施槛窗，檐下施麻叶踩斗拱（已简化为木雕彩枋）。梁架绘有明代地方旋子彩画，屋顶前后檐施八排青筒板瓦，屋面为300×300厘米方砖海墁。

配殿坐北向南，位于过殿北侧沿中轴线左右对称布局。面阔三间，进深二间，前廊式硬山建筑。廊部明间开六抹隔扇，两次间施槛窗，土坯砌筑墙体，七皮青砖踢脚。后墙正面设龛台，供奉塑像已毁。山墙、廊心墙及正面墙体绘有精美的壁画，正面墙体彩绘采用沥粉贴金。其壁画等级之高，为寺院之最。屋脊梁架结构绘有旋子彩画，具有典型的明代风格。

金刚殿和火神殿在过殿北侧，位于三级阶梯夯土台基上，沿中轴线左右对称布局，面阔一间，进深一间，平面呈方形。硬山正脊前后檐施三排青筒板瓦，屋面采用300×300厘米方砖海墁，前檐施六抹槅扇。山墙及正壁墙体上绘有精美的壁画。

财神殿和药王殿位于三级台基上，沿中轴线东西两侧对称修建，面阔三间，进深一间，硬山顶建筑。明间开六抹隔扇，两次间施槛窗。墙体正面及两侧山墙均绘有壁画。

无量殿为中轴线上主体建筑，坐北向南。面阔三间，进深两间，前为硬山正脊，后带卷棚。出檐施六排青筒板瓦屋面，其他均为300×300厘米方砖海墁屋面。正殿明次间开六抹隔扇，两山墙和卷棚后墙为土坯砌筑墙体，下碱为七皮青砖踢脚。檐下施麻叶踩斗拱（已简化为木雕彩枋），木构梁架绘有明代地方旋子彩画。

无量殿东、西两侧为娃娃殿和娘娘殿，建筑对称布局。二层楼阁，硬山顶式建筑，平面呈方形，坐北朝南，两层均木制门窗。

三清殿位于无量殿北侧，是下双大庙的主体建筑之一。沿中轴线修建，坐北向南。面阔三间，进深两间。四周出廊，重檐歇山顶，青筒板瓦屋面，正脊砖雕有二龙戏珠，雕刻精美，翼角悬挂风铃。后墙正面设龛台，塑三清金身像，殿内山墙及正壁墙体上绘有道教壁画。该建筑做工精致，用料考究，殿内梁架构件脊檩和金檩上绘有明代地方旋子彩画。

下双大庙及魁星阁建筑为武威市凉州区保存较为完整的一处古建筑群,建筑造型独特,结构严谨,布局合理。殿内壁画线条流畅,构图形象逼真,内容丰富,保存完整。具有较高的历史及艺术价值,为丝绸之路上古建筑之典范。

三、山陕会馆匾额

山陕会馆位于武威古浪县土门镇漪泉村北侧,清康熙年间修建。史料文献记载,古浪山陕会馆数量较多。"山西会馆三,一在县城北街,十六年毁,今修大殿三间、市房一院,一在黑松驿,一在黄羊川一棵树,俱毁";"大会馆在堡(土门堡)西关场";"忠义会馆在堡东门内";"山陕会馆在堡(大清堡)北街东边"。目前,除了土门的山陕会馆,其余均已不存。

该建筑以会馆大殿为主,以东西厢房、廊房、钟鼓楼组成孝四合院式建筑群落,土木结构,建筑面积约1500平方米。大殿为单檐歇山顶,面阔三间,进深一间,三架出廊加前卷棚,殿内有壁画。背檩上有"大清康熙元年修建"题记,东西廊房各五间。大门西侧建有门楼,门楼两侧建有两座小楼,均为单间,平面呈方形。周围有绕廊,二层重檐,上下两层均为四角翘头,顶为悬山式,出檐较深,结构严谨。

明清时期,大量外地客商来土门镇做生意,会馆就是客商居住的地方。

会馆院内,正北大殿保存相对完好,檐下悬挂"循环今锡福"匾额。殿内有关羽"夜读春秋"的塑像,为现代所造。两侧壁画虽有损毁,但大部分均保留了下来。大殿西侧为马神庙,内有壁画,内容模糊不能辨。脊檩有"道光元年岁次辛巳午月山西汾州府汾阳县广贞里四甲门徒□□□□"墨书间夹朱书题记。

山陕会馆前的抱厦内还有很多匾额,其中有道光三十年(1850年)康宗海所书"循环今锡福"匾一块,还有"土门山陕会馆捐款芳名录"和"山陕会馆山门重修捐款物工芳名录"等匾额。

山陕会馆大殿内两壁都存有壁画,有些地方脱落严重、有些地方漫漶不清，大部分能识别其内容。这两幅壁画是清代武威籍著名画家白福龙所绘三国演义故事，线条生动流畅、彩绘颜色丰富，人物形象与山水写意相间，画工精湛。

四、古槐寺匾额

古槐寺位于武威市凉州区清水镇张清堡村，距离武威市区9.6公里，距今已有1380多年的历史，其寺庙的修建源于该地的张清堡古槐。该古槐胸围6.9米，树高15米，树干之粗壮需十余位成年人联手才能将其环抱。枝叶十分繁茂，每年都有新枝抽发。

2009年4月，张清村古槐寺筹建委员会在古槐树下立有碑刻《张清堡古槐寺记》，详细讲述了古槐的基本情况、历史背景、民间传说以及修建古槐寺的目的等。据该碑文记载，古槐寺是在2006年4月，由乡民集资在古槐东南方向，修建面阔五间、进深三件的古槐寺大雄宝殿，同年九月落成，成为参观和祭祀神树进香、叩拜之地。

目前，古槐寺保存状况良好，在檐下保存匾额数方，其中最早的有康熙五十六年（1717年）敬献的"光昭天地"之匾，右侧文字为"凉州东乡金刚朝山善会众信弟子叩"。该匾为木质，匾底为朱红色，无边框。其文字由金粉书写，现已脱落。匾文下方为敬献者姓名，整体保存较好。

古槐寺正门口悬挂的"大雄宝殿"匾，是由著名书法家赵朴初题写，并附有名章。该匾为木质，匾底为蓝色，匾文用金粉书写，形制为单边框横式匾。边框上下各绘有三朵莲花，左右各绘有一朵，间亦有缠枝纹。该匾文笔法潇洒朴拙，十分具有代表性。古槐寺檐下从东向西，依次悬有"华严法界""圣教常住""神槐万古""宏法利生""佛光普照"等七块匾额。历史时间跨度较大，整体保存状况良好，生动反映了古槐寺的历史发展变迁，是我们今天参观游览清水古槐的重要景点之一。

一棵古槐树，何以有如此大的魅力，还得从一则民谣说起："问我故乡何处来，山西洪洞大槐树。问我老家在哪里，大槐树下老鸹窝。"我国西北史是一部移民实边、聚集、繁衍的历史，从秦朝开始，就有中原王朝往西北地区移民的历史记载。位于河西走廊东端、丝绸之路要隘的武威也是重要的移居地。至今，武威还保留着一些"屯地、屯庄"等地名。今日凉州区的"发放镇""安置村"等地也是当时移民管理安置机关所在地，许多家谱、族谱都记载其祖先徙居武威的事实，民间也广泛流传着祖先"来自山西大槐树"的说法，这也是明朝实行移民实边政策的历史反映。

　　水流千里总有源头，人处四海难忘故土。巍巍古槐，悠悠岁月，古槐用自己的躯干见证着武威这座城市日新月异的变化。如今，凉州城区各街道槐荫蔽日、嘉树葱郁，把古城武威妆点得美丽多姿。无论是演绎着一个传奇故事，还是承载着一种文化传承，古槐文化已不知不觉中与武威城市精神"崇文尚德、包容创新"融为一体。

第四章 武威匾额的艺术解析

匾额艺术是中华民族优秀传统文化体系中不可缺少的组成部分，同时也是中国古典建筑艺术的重要构成部分。武威匾额集语言、书法、雕刻、篆印、装饰制作等艺术于一身，高悬于门首与建筑相得益彰融为一体，既富于审美价值又兼具实用功能，传承着凉州文化内涵，又体现了特定时代的精神风貌，见证了武威历史的更替与变迁。下面试从语言、书法、纹饰、色彩等四个方面对武威匾额的艺术进行分析研究。

第一节　语言艺术

匾额自古以来都承载着一种礼仪和教化的社会功能，历朝历代都把匾额作为是对普通群众的教诲和百姓训诫的一个重要载体，起到树立楷模和弘扬正气的重要作用。它的影响力已经深深地扎在了历朝历代人们的心中。其语言艺术的感染力已经成为中华民族独特的一种文化表现形式。匾额自古以来就有"署户册之文"之说法，从它萌芽阶段开始到贯穿整个帝王时代，乃至延伸到现代，在中国大地上足足独领风骚了两千多年。匾额也慢慢地发展成为一种敬献或者赏赐拜封的珍贵礼品。凡有寿诞吉日、人际协调、金榜题名、祠堂建成、旌表贤孝等，赠送匾额往往能代表着"选贤与能、讲信修睦"的和谐之风。在人与人之间的交往当中，相互题匾互赠与交流，经常会起到一些意想不到的效果。如贺岁时送上"梁孟齐辉""懿德稀龄""宝婺星辉"，房屋建成时送上"竹苞松茂""华屋万年"，金榜题名时题上"振世才英""武魁"等。这些词语当中蕴含了美好的祝福和赞扬意味，可以极大地调和君臣、同僚、兄弟姐妹、乡邻街坊的人际关系。人们在这样一种和谐的氛围当中，不仅能巧妙地处理一些不能通过法律手段所处理的问题，还能去除些不良心态。因此，结合匾额的时代背景、人文文化、功能用途等因素，研究匾额的语言艺术，对于品评蕴含于其中的意味有重要的意义。

一、匾额语言的点题意味

匾额从古至今都是依托于中国古典建筑当中，以书法的表现形式为其题写和命名的。在宫阙、道观、庙宇、书斋、商铺、民宅，以及皇家建筑当中，建筑物外檐的中心都有块匾额高悬或者镶嵌在里面，起着点题指引的功能。匾额的点题功能在建筑当中最迟在秦代就已经开始了，因此它是最基础、最原始、最完整的。时至今日，它的使用率依然最高。南北朝羊欣云："前汉萧何善篆籀，为前殿成，覃思三月，以题其额，观者如流……"从这句话中可以看出，匾额的题写除了需要具备深厚的书法功底外，还需对其所要表达的辞藻意味进行深刻的思考后方能书写。匾额上的语言文字不同于诗文，它是以一种两到三四字的简练形式来表达出深刻的意味，所以字贵如金，由此也充分体现汉字文化之博大精深。古人在为宫廷建筑物题名时，绝大部分都会与古代圣贤的教诲，优雅的文辞相结合。如"太和殿""中和殿""保和殿"等这些都是清朝三大宫外殿上的题名匾额。从"太和""中和""保和"这三词的意味当中无不体现出了天下太平，长治久安的寓意。具体来讲，"太和""保和"都语出《周易》"保和大和，乃利贞"。"大"同"太"。意为世界上的一切事物只要和谐统一，不管发生任何情况都会以胜利而告终。"中和"取自《礼记·中庸》："喜怒哀乐之未发谓之中，发而皆中节谓之和。中也者天下之大本也，和也者天下之达道也。致中和，天地位焉，万物育焉。"意为喜怒不形于色可谓"中"，合理的排解自己的喜怒之情即为"和"。"中"是天下的根源，"和"是天下最四通八达的道路，若能保持住中和，天下万物便能共享太平，各安其职。封建帝王以此典故来表达中庸之道。还有"乾清宫"中的"乾清"二字，同样出自《周易》"乾，天也，故称乎父"，及老子"天得一以清"。它的含义是天下之人都能得到清静平安。坤宁宫的"日升月恒"匾，"坤宁"二字出处是分别来源于《周易》"坤，地也，故称乎母"，及老子"地得一以宁"。皇帝以"坤宁"命名后宫有着天清地宁、长治久安的意思。皇后又是居住在坤宁宫的主人。《诗经·小雅·天保》中提到："如月之恒，如日之升。如南山之寿，不骞不崩。"所以"日升月恒"匾挂在坤宁宫当中，寓意着皇后娘娘寿比南山，永享清福。诸如此类的还有华山玉泉道观后殿门楣上悬挂着的"道崇清妙"匾，慈禧太后所题写万寿山牌坊，名为"云辉玉宇"，还有"万寿无疆""云烟戏彩""颐养天和"等都是挂在颐和园中的匾额。从这些匾额的命名当中我们可以发现，宫廷匾额的点题意味大都是以宣扬教化、祝寿吉祥、维护统治和谐为主。

作为一种文化现象，武威匾额选用的文字大多经过深思熟虑、字斟句酌，在内容上讲究贴切、庄重，意境上注意高雅、含蓄，同时还要与民族性、社会性、地域性和继承性结合起来，引经据典，使用一些富有文艺气息、生活情调以及志向乐趣的优雅字词表达点题意味。例如，"银武威"匾额，只用三个字就高度概括出了这座丝绸之路上的历史文化名城经济社会的繁荣发达盛况。此外，还有"辉增西垣"匾额，"辉"即指文昌星、魁星和三台星发出的光辉。"西垣"即西方长庚星，又名金星或太白，因其十分明亮，昏夜照得西部天地格外辉煌。垣为中国古代划分星空的一个单位，因天空星次与九州地域相对应，这里"西垣"意指凉州或整个西部的地域。该匾文意为上天垂怜厚爱凉州，太白高照，文星腾耀，日月增辉，昭示凉州文教兴盛，人才济济。

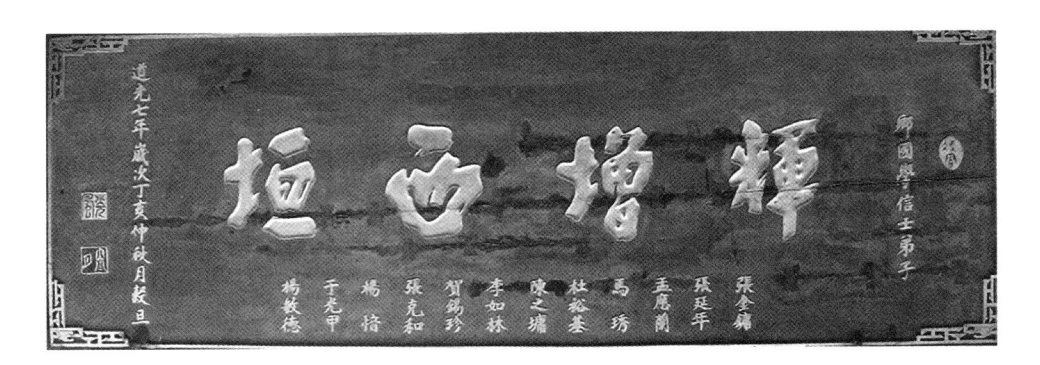

二、匾额语言的教育意味

匾额是一个充满哲学与智慧的治国利器，有利于国家传播正能量的思想。这类匾额主要起着对后人的教诲，且树立起榜样的作用。中国古代的帝王将相经常用诗词文章，以画入境来重塑历代圣贤、文儒的风采，并引以为训来告诫上至文武群臣下到平民百姓，坚持了自古便有的"文以载道""图以鉴赏"的优良传统。但是随着时代的变化，过去这些精练图文的部分功能已逐渐地被言辞简练，寓意深邃的匾额所替代。

坐落于山东曲阜的孔夫子庙即是匾额教化形式的典范。孔庙一直都被历代先王所珍视。以孔夫子所创立的儒家思想来维护自己的统治，特别是清代崇尚儒术，倡导尊孔。从康熙皇帝到末代皇帝溥仪，当他们登上皇位的时候，都会亲临国子监讲学，之后要在孔庙大成殿上悬挂匾额一方。[1]悬挂在孔庙里的牌匾数量数不胜数，其中很多书法功底深厚、文辞淳朴低调、意味深远，使得博大精深的儒家文化信息不断在中华大地上传播，在我国古代传统文化当中占据着重要的历史地位。

武威匾额语言文字多是摘取诗歌、散文、小说、戏曲等文学作品中的佳词名句作为匾文，用简短的几个字赋予特定的文采。它通过巧取文学作品、援引成语故事、文学典故以及神话传说等素材，虽只片词数语，着墨不多，但是能高度概括、比较全面地表达主题思想，细细观赏会感受到巍然大观，慢慢品味却体会出意境深远，让观赏者回味悠长。大多匾额的文采令人肃然起敬。如武威文庙的"聚精扬纪"匾，此匾由嘉庆年间时任甘肃按察使刘大懿所书。"聚"即积聚、汇聚；"精"即精华、精英。《孝经援神契》："文者，精所聚；昌者，扬天纪。辅拂并居，以成天象，故曰文昌宫。"道教吸收此种信仰后，称为"帝君司命之神"。"聚精扬纪"匾额就是讴歌武威汇聚天下之精英，弘扬和维护法纪，以礼治国安邦的精神，激励后学者以强国为己任，勤奋读书，奋发

---

[1] 王秀玲:《清代国家祭祀研究》，南开大学博士学位论文，2009年。

图强[①]。与其悬挂在同一屋檐下的"书城不夜"牌匾，暗喻凉州读书人多，学堂盛行，学风端正。读书人灯火辉煌不夜天，书声琅琅甲陇原，奉劝学者珍惜光阴刻苦读书，祝愿莘莘学子早日金榜题名。

三、匾额语言的励志意味

《礼记·大学》中提到"修身""齐家""治国""平天下"的关系，把"修身"放在第一位，"平天下"则放在尾端，这说明自我修养的提高是获得成功的前提。匾额中有很多是关于寄寓明智、修身养性这方面意味的表达，这类匾额主要是对自己志向的表达并以此鼓励自己，这是对自身追求与自律之道的体现。此类匾额大都悬挂在家中厅堂、卧室之内。这些匾额主要置于自己家中，因此这类的匾额所展现的主要是他们自己内心所拥有的强烈本性，借此来展现自己独立的人格。例如，岳飞所题写的"还我河山"，用来时刻警示自己不忘抗金救国的伟大志向。后人把这四字刻成匾，悬于岳王庙里用来追思英雄并激励后人的爱国情怀。孙中山先生也为自己的理想题写了"天下为公"和"共进大同"。这两幅字都被刻制成匾挂在家中，为的就是激励自己以及其他人去兑现旧民主主义革命的政治宣言。"天下为公"四字的解释是，天下乃天下人所拥有，而不能任人唯亲，要实行天下为公，社会才能重见天日，百姓方能安康幸福，才能成为一种美妙的社会政治理想。从这两个题匾书文当中，可见孙中山先生作为民主革命的带头人，对莘莘学子寄托着强烈的期望，并希望他们能铭记"行易知难"的道理，做到"实事求是"的学习态度，研究知识，加强本领，后来居上，实现"强国强种"的教育救国梦。

清代武威书法大家赵永年先生，其坐落于武威城区原胜利街前进巷路西的宅第，建造考究，房舍精良，颇具文人情怀雅趣。先生自题门额"琴鹤遗址"和堂匾"琴鹤堂"，琴音高洁，鹤声嘹扬。琴鹤，自古以来就是清高、廉洁的

---

① 程枭翀：《武威文庙建筑研究》，天津大学硕士学位论文，2012年。

象征。唐代郑谷《赠富平李宰》诗："夫君清且贫，琴鹤最相亲。"唐代齐己《送白处士游峨嵋》："闲身谁道是羁游，西指峨嵋碧顶头。琴鹤几程随客棹，风霜何处宿龙湫。"北宋著名廉吏赵抃"一琴一鹤"的典故被后人传为佳话。作为宋朝监察御史的赵抃，披肝沥胆、恪尽职守和铁面无私的浩然正气，当时被人称为"赵青天"。特别是他骑着一匹瘦马去四川做官，随身携带的东西只有一张琴和一只鹤，这就成为形容为官清廉的成语———一琴一鹤的出处。赵抃清廉形象成为后人清廉做人和为官的榜样。赵永年先生自题"琴鹤遗址""琴鹤堂"两匾，颇能见其性情。

四、匾额语言的表彰意味

匾额语言的表彰意味是统治者为了嘉奖人民而使用的一种手段。《后汉书·百官志》载："三老掌教化。凡有孝子顺孙，贞女义妇，让财救患，及学士为民法式者，皆扁表其门，以兴善行。"官府对符合封建礼仪的孝子顺孙、贞女义妇勤俭持家，以及扶危济困等人，用赠匾的方法进行表彰，让民众自觉树立榜样，使得社会更加和谐统一。用匾额作为一种特殊的表彰方式，一直以来都被各个朝代所重视。它成了一把能够稳定社会秩序、净化民风、维护地方安全的治国利器，同时也满足了各个阶层的荣誉心理，被人们普遍接受。武威匾额中最具代表表彰意味的匾额为"夫子博学"。此匾是咸丰皇帝的亲笔题字，御赐给清朝名臣牛鉴府第的匾，是武威匾额史料记载中唯一一块封建皇帝亲笔题写的匾。"夫子"，指对年长而学问好的人的尊称。《周书·斛斯征传》："宣帝时为鲁公，与诸皇子等咸服青衿，行束脩之礼，受业于征，仍并呼征为夫子。""博学"，《说文》："博，大通也。"博学，即宽广、广博的学问。作为道光皇帝和咸丰皇帝的老师，牛鉴故誉为"两朝帝师"，获此"夫子博学"匾额是皇帝对恩师学问的肯定和嘉奖。牛鉴在朝为官能得到皇帝赐匾表彰不但是光宗耀祖的大事，还可以扩大自己家族的影响力，巩固自己的领导地位，享受至高无上的荣誉感。

表彰匾额更是吸引那些穷困潦倒想要借科举之路改变自己命运的人。表彰匾额就是他们获得成功的标志，如"状元及第""进士""文魁""武魁""拔元"等。因此，一个明君要想使自己的国家长治久安就得懂得"仁爱"二字，要对自己的臣子、百姓施以慷慨的恩赐，既达到了收买民心的效果，又可以使自己的政权得到稳固。这也正是匾额表彰功能的真正目的。

五、匾额语言的商业意味

古代商人们十分重视自己门额上的牌匾，并把它视为自己的"脸面"。早在北宋，匾额就已经开始被商家运用并传达商铺营业的宗旨。张择端的《清明上河图》中就描绘了当时北宋的集市、酒馆、茶楼、当铺，上面都悬挂着各式各样的匾额，不同行业的匾额有着不同的意味。一块出色的匾额不仅能够提升自家的经济效益，而且还能记录一个店铺的历史，提升经济活动的文化品位，激发企业潜在的生命力，更能树立起人们的底气、信心，激发企业家积极进取，创造更多的物质财富。匾额有着与广告招牌相类似的作用，其意味主要是告知顾客自己店里所经营的是什么生意，表明自己的经商理念交易方式、待客态度等。商业牌匾的题写是十分讲究的，引经据典来装饰自己的品牌，书法文字的意味斟酌自不必多说，还得请名人亲自手书为自己的门面增添一笔光彩。北京的"鹤年堂"药店，它的名字原本是明朝大臣严嵩家里厅堂的名字。严嵩衰败后，他所题写的牌匾流落于民间，被这家药店找到并用它做店名，占了现成的名家便宜。不光如此，原鹤年堂的店门外的"西鹤年堂"匾，据说是严嵩的儿子严世藩所题写，两旁的配匾"调元气"和"养太和"相传是明代民族英雄戚继光的真迹。由此看来，"鹤年堂"的各块匾额皆是名人手书，给店里增添了不少光彩。这也反映出当时的商人们都非常重视用名家手书为自己做广告，激烈的企业竞争在匾额上便开始打响。老字号的金匾背后更背负着沉重的行业竞争与压力，也造就了一块块名匾。在撰写商业匾文时，匾额更是被赋予了扑朔迷离的迷信色彩。趋利避邪是平常百姓所想要的，更是被商家所看重的。传统思想中的"取之有道"和"乐善好施"也存在于商家的经营理念中，并通过其店铺匾文体现出来。

武威自古就是丝绸之路上的黄金节点城市，是重要的商埠重镇。明清时期，陕西、山西等地的商人遍布全国各地的商埠都会，武威大地上也印满了陕山客商的足迹。清代武威陕西会馆，是清代陕西商人与武威本地商号在武威联合捐资建设的聚会、议事、祭祀和举行庆典的场所，会馆遗址在凉州区东大街会馆巷一带。据收藏于武威大云寺碑林的清乾隆三十八年（1773年）《清创修陕西会馆首事督工捐施银两碑》、清乾隆四十六年（1781年）的《清重修陕西会馆捐款题名碑》、清乾隆五十七年（1792年）的《清陕西会馆捐款题名碑》、清嘉庆二十一年（1816年）的《清陕西同州府蒲城县众姓捐资题名碑记》、清嘉庆二十五年（1820年）的《清重绘陕西会馆诸建筑题名功德碑》等碑刻记载。在创修陕西会馆期间，陕西各地商号、武威本地商号纷纷捐款，碑刻中出现了许多捐款的武威本地商号。在出现的商号名称中有永裕成、泰昌店、长裕含、长裕兆、全盛鸿、恒兴元、永庆合、恒裕和、合盛茶、庆裕和、丰兴恒、永丰善、永盛和、兴顺裕、三德堂、顺合裕、长丰堂、通盛裕等。这些商号应该都是当时武威城中的"老字号"商铺，门头一定挂着蕴含其商业意味的对应匾额。可以想象，清代武威城中商铺鳞次栉比、老字号招牌林立、贸易繁荣的场景。

第二节　书法艺术

匾额书法又称榜书，最早称为"署书"。古代书法家非常重视匾额题法，如清代康有为在《广艺舟双楫》"榜书"一章中，提出榜书的审美主要是"浑穆简静""作榜书须笔墨雍容，以安静简穆为上，雄深雅健次之"。因此，牌匾的题写一般都出自书法界的名家之手，书法精湛、笔酣墨饱、高雅大气，有单一的楷书、行书、草书、隶书、篆书等，也有将几种字体组合使用的形式。[①] 笔法有的洒脱自然，有的苍劲有力、有的娟秀多姿，极具形式美感。为了表达某种特殊的含义，一些匾额会通过字体形式的微小变动，以达到形、声、义的相互融合，所以匾额书法不仅是书法艺术形式的承载者，还是撰写者内心情感的倾诉者。

武威文庙现存的古匾额书法字体主要以楷书和行书为主，兼有其他书体，这可能与当时流行的书风有密不可分的关系。楷书和行书在武威匾额书法艺术中发挥得淋漓尽致，而两种不同书法所产生的视觉效果也是不同的。在武威匾额中具体表现如下：

一、篆书

武威匾额中篆书匾数量较少。篆书起源于先秦，成熟于清朝。海藏寺的"法音宣流"匾虽为现代所书，但取法高古，有金文大篆笔意，纵向取势、圆转委婉、流畅自如，线条匀称，呈现出庄严肃穆之感，有唐孙过庭之谓"篆尚

[①] 何菁菁，杨贵军:《流坑匾额楹联书法艺术简析》,《社科纵横》,2009 年第 10 期，第 118—119 页。

婉而通"的艺术美。

二、隶书

隶书也叫"隶字",起源于秦朝,也有专家认为隶书起源于战国时期。隶书分"秦隶"和"汉隶",结构扁平、工整、雅致、精巧,书写效果略微宽扁,横画长而直画短,讲究"蚕头雁尾""一波三折"。发展到东汉时,折、捺等笔画向上挑起,轻重顿挫富有变化,极具艺术价值。武威文庙的"文以载道""为斯文宰"两块匾额,均由隶书书写。"文以载道"匾额四个字的捺一笔,

均往上扬起，并似尖钩状，表现出了大气磅礴。书写的气力扑面而来，一见便为之倾倒。而"为斯文宰"匾额笔画浑圆，横平竖直，用笔藏头护尾，中锋行笔，摒弃了传统"蚕头雁尾"的特点。笔画平直、分布均匀、方方正正，颇具特色和中国文字之美。

三、楷书

楷书体在武威匾额书法上运用得最多。这是由于"楷书体"最大的特点就是它的字体端庄、结构严谨、笔画规范、易于识别。因此，经常被题匾人使用。汉字通常是在"田字格"内书写，那么就体现其书法结构刚正，就要求用笔有劲峻拔，笔画方润整齐。武威匾额大部分都使用了楷体书写。如武威文庙匾额"辉腾七曲"四个字楷法工整，木质匾加上黑字，笔法得势，遒劲中见豁达，结构紧密且匀称，是楷体书法艺术带给观赏者更深层次的文化享受；又如"聚精扬纪"匾四字风格苍郁，饱满挺拔，字距紧凑，它们均取法颜体楷书，线条刚劲有力，笔画厚重深沉，给人以雄浑有力的感觉，堪称武威匾额书法杰作。从牌匾具体案例分析，楷体匾额整体既传达"端庄"之感，又非要达到笔画的几何意义上的高标准，但是总的来看，注重整体布局和平衡。当然这些章法都是根据书写者性情表达出来的，所以每块匾额都具备了形式风格迥异且别有一致。总体而言，楷体匾表现手法为以动衬静，而静中又有动。

四、行书

行书，是一种书法统称，分为行楷和行草两种。它在楷书的基础上发展起源的，是介于楷书、草书之间的一种字体，是为了弥补楷书的书写速度太慢和草书的难于辨认而产生的。"行"是"行走"的意思，因此它不像草书那样潦草，也不像楷书那样端正。实质上，它是楷书的草化或草书的楷化。楷法多于草法的叫"行楷"，草法多于楷法的叫"行草"。行书实用性和艺术性皆高，而楷书是文字符号，实用性高且见功夫。其中武威匾额中使用行体最具代表性的

为"司文章命"匾额。此匾字体灵活,动静相宜,刚柔并施,可以看出行笔速度快所表现出的效果就是笔风生动流畅,在稳重的节奏上加入了轻盈的基调,笔势流畅且气势显得厚重深沉,给人一种文人书法之感。

第三节　纹饰艺术

中国传统的装饰纹样是经过社会演变后而产生的图形元素，自出现以来，一直都有其独特的含义与象征性蕴藏其中。如夏商周时期的纹饰，就具有神秘性、崇拜性、权力性、对称性等特征。纹饰的图案，一方面取决于当时的艺术审美、形象崇拜，另一方面则取决于使用者的阶级，严格的等级制度是封建社会的一大特点。不同时代都有其典型的纹饰，具有鲜明的时代性，代表着某一时期社会的主流思潮，是对当时社会审美的展现。同时受个人主观意识的影响，带有一定个人审美趋向。武威匾额受其丰富的文化内涵影响，纹饰非常丰富，题材多种多样，是我国传统吉祥图案的集中体现。武威匾额内容多为龙凤、蝠寿、花卉、人物、琴棋书画、瑞禽等象征福寿吉庆的图案，往往一块匾额中多种纹饰并存，具有深厚的文化寓意。下面就武威匾额几种常见的纹饰及文化寓意分析如下：

一、动物纹饰

动物纹饰是武威匾额的主体纹饰，有龙、凤、白鹤、雉鸡、鹦鹉、蝴蝶等。匾额中使用动物纹饰都是通过生动美好的动物形象，确定寓意吉祥的题材，反映人们对盛世太平、生活富裕、幸福长寿、四季平安、和睦邻里以及其他美好事物的期盼和向往。

（一）龙凤纹

《孔丛子·记问》中的"天子布德，将致太平，则麟凤龟龙先为之祥"，意指吉庆之事。龙纹是匾额中较为常见的一类纹饰，代表高贵祥瑞的寓意，象征着权威和势力，同时也是经典中国传统纹饰之一。这类纹饰等级较高，在寻常百姓家宅、私园等场所中几乎不使用。一般为地位尊贵、社会等级较高的人使用。古代帝王常用龙指代自己，富有深厚的神话色彩和阶级属性。龙纹庄重大气，灵动流畅的同时不失威严感，常作为纹饰元素在与皇帝有关的匾额中使用。

如武威文庙匾额"化峻天枢"。该匾形制为双框横式匾。内侧匾额边框上下各阳刻有四条金色祥龙，外侧边框上下各阳刻四条四爪金龙，左右两侧各阳刻两条四爪金龙，四周彩绘有祥云。从匾额内容中的"恭逢圣寿"可见，该匾是为了祝贺康熙皇帝生辰敬献。行龙之姿纹线条饱满圆滑，栩栩如生，傲视众生，充满生机与活力感，象征着人们皇权崇拜与美好祝愿。

龙凤组合图案在武威匾额中也有出现，如文庙匾额"德盛化神"。该匾为双框横式匾，外侧边框上雕刻两条凤、下雕刻两条龙，左右各镌刻一对凤，寓意"龙凤呈祥"，还配有蝴蝶、卷轴、葫芦、古钟、典籍、如意等吉祥饰纹，表达了人们向往幸福、太平生活的美好愿望。

武威文庙匾额除了"化峻天枢""德盛化神"两块匾额有龙、凤纹饰外，在"文明长昼""彩振台衡""云汉天章""辉增西垣""文昌帝君赞""炳呈斗上""书城不夜"等匾额中也出现了游龙、盘龙、云龙、金凤等龙、凤纹饰。

（二）蝴蝶纹

蝴蝶轻盈灵动，拥有绚丽的色彩和富有寓意的生命历程，具备多样化的象征意义，给人以无尽的想象空间。蝶，谐音"耋"，蝴蝶又有福耋之意。隋唐时期，蝴蝶开始出现在铜镜与纺织品的装饰纹样上。宋朝时期，清丽淡雅的蝶影在文人的纸本绘画里皴擦出了柔美舞姿。直至明清两代，商品经济的繁荣带动手工业的飞跃发展，蝴蝶纹正式成为宫廷与坊间人们喜闻乐见的装饰纹样，多用于服饰、瓷器等装饰纹样，在匾额纹饰艺术中亦很常见。若配以牡丹、兰花等花卉纹则组成花蝶纹，寓意繁荣昌盛、美好幸福、德才兼备、家族兴旺等。

如武威文庙双框横式匾额"德盛化神"，内框左右两侧均绘有一对蝴蝶，并配有花卉和如意纹饰。其中蝴蝶纹饰蝶翼翩飞，两两相对，富有情趣。"文明长昼"匾额外侧边框上下各镌刻并绘有游龙一只、蝴蝶四个、牡丹及鸟兽四

组。"彩振台衡"匾额外侧边框上下各镌刻四只蝴蝶，配有牡丹、雉鸡、鹦鹉等其他纹饰。左右各镌刻葡萄枝以及花卉等，四角镌刻绘制四只蝴蝶，蝴蝶与多种纹饰叠加表达了更加吉祥美好的寓意。

（三）白鹤纹

白鹤不仅仅是在古代中国，在东亚地区都是重要的文化意象。崇尚白鹤可以说是东亚文化圈共同的习俗。白鹤作为一种吉祥之物和文化标志，在千年的演变过程中与宗教神化、政治理念、民俗故事相结合，被赋予了多层次的内涵。

我国有史可查的最早的鹤工艺品可以追溯到殷墟商朝妇好墓出土的玉鹤，距今已经有3200多年的历史。当然，鹤的种类众多，其中最常见的一种便是白鹤。白鹤最初的命名或与《诗经·大雅·灵台》中的"白鸟翯翯"有关。这种

动物的体态优美、身体修长、鹤鸣嘹亮，故而也被文人们赋予了诸多的"人格"色彩。作为一种文化的象征元素，鹤纹广受喜爱，不仅是清流名士的象征，更彰显着权力与地位，以及一般人所不能企及的美好情操。清朝官服胸前或后背上织缀的一块圆形或方形织物被称作"胸背"或"官补"，根据官位不同，纹样形式亦不同。清代一品文官官补，为一鹤单腿立于寿石之上，周饰以如意云纹杂以蝙蝠、寿桃、灵芝等意象，寓意"洪相齐天"。不仅仅是官服，在清朝鹤纹样在匾额纹饰中颇受欢迎。除了单独出现的形式，鹤纹也经常和其他的吉祥纹样一起搭配使用，所表达的含义更加丰富。

武威匾额"文明长昼"的附联内侧上下左右绘制八只白鹤图案，每一只鹤

都有自己独特的形态，用力张开的翅膀，给人磅礴的生命感染力，再配以八卦、聚宝瓶、石榴等图案，象征着经济繁荣、国泰民安。

（四）蝙蝠纹

"蝙蝠"，在汉字中谐音通"遍福"，即"遍地是福"，可表祈福纳吉之意。在中国传统吉祥图案中，如果要选一个应用最广泛、最具代表性的吉祥物的话，蝙蝠一定是少不了的。对于这样一种神秘物种，古人对其形象的最早记录可追溯至新石器时期红山文化的玉蝙蝠，那时的玉蝙蝠形象朴素大气、简洁。

在明清时期，蝙蝠纹广泛地应用于衣食住行的各个方面，从皇帝宫殿的雕梁、龙袍的底纹到普通百姓家的瓷器、门楣都能见到蝙蝠纹使用。蝙蝠常常和寿字相配，表示福寿双全。若配以如意云纹，则组成"福从天降"或"幸福降临"等。蝠纹与花卉纹搭配，效果富丽夸张，有福寿连绵、生生不息之韵。

武威文庙有一块匾额"阳春一曲"。该匾制作于雍正元年（1723年），乾隆二十二年（1757年）对其进行重刊并彩绘。匾框绘制有蝙蝠、石榴、牡丹、莲花等图案，笔触潇洒飘逸，十分灵动。右侧落款有"雍正元年岁次癸卯圣寿前二日立"字样。该匾除了歌颂文昌帝君主宰文运、施行礼乐教化、选拔才俊的丰功伟绩外，还表达了对皇帝寿诞的祈福，寓意长寿绵绵。

二、花卉纹饰

武威馆藏匾额中花草纹的种类很多，有牡丹、莲花、石榴、梅、兰、竹、菊、桂花、藤蔓、玉兰、水仙、萱草等。

（一）牡丹纹

牡丹素称"花中之王"，花朵硕大，色泽鲜艳，雍容华贵，被视为富贵荣华的象征，从古至今都受到人们喜爱。唐朝诗人刘禹锡在《赏牡丹》写出了"唯有牡丹真国色，花开时节动京城"的千古名句，宋代周敦颐《爱莲说》记"牡丹，花之富贵者也"。牡丹图案作为装饰语言，融进了人们对生活的美好憧憬和祝愿，具有长盛不衰的艺术魅力。

清朝时牡丹纹在匾额中非常普遍，一般不单独使用，常见雉鸡牡丹、凤凰牡丹、狮子牡丹等组合图案；还与蝙蝠、灵芝、山石、飞蝶、螳螂等共同组成生动活泼的画面；另外还有与莲花、菊花、桃花、荷花、梅花等组成四季花卉，寓意盎然生机。

在现存的武威匾额中，如"化峻天枢""天象人文""阳春一曲""彩彻枢衡""彩振台衡""光接三台""先天炳蔚"等匾额，都绘制了牡丹纹。虽形态各异，各有千秋，但都有雍容华贵、吉祥如意和欣欣向荣之意。

（二）莲花纹

莲花，是我国传统花卉。《尔雅》中有"荷，芙渠……其实莲"的记载。莲花，古名芙渠或芙蓉，现称荷花。盛开时花朵较大，结果时可观赏，可食用，叶圆、形突。春秋战国时曾用作饰纹。自佛教传入我国，便以莲花作为佛教标志，代表"净土"，象征"纯洁"，寓意"吉祥"。莲花因此在佛教艺术中成了主要装饰题材。尤其在南北朝时期，随着佛教的广泛传播，极为风行。在石刻、陶瓷、铜镜和彩绘上到处可见。表现形式有单线双线、宽瓣、宝装、凸面、正面、侧面、单独、连续、单色、彩色、镂刻和雕凿，变化众多。以后历代亦较盛行，是古代常用的寓意图案之一。

（三）梅兰竹菊纹

"四君子"：梅、兰、竹、菊。千百年来以它们清雅淡泊的形象，一直为世人所钟爱，同时也成为一种人格品性的文化象征。梅高洁傲岸，兰幽雅空灵，竹虚心有节，菊冷艳清贞。古代中国诗歌辞赋中有许多赞美梅兰竹菊的作品。如宋代林和靖著名的诗句"疏影横斜水清浅，暗香浮动月黄昏"，被认为是咏梅诗中成就最高的。宋代王安石《咏竹》诗："人怜直节生来瘦，自许高材老更刚。曾与蒿藜同雨露，终随松柏到冰霜。"赞美了竹的挺拔、虚心、劲节的高品质。诗人屈原在《离骚》中用"朝饮木兰之坠露兮，夕餐秋菊之落英"来表达菊不与世俗同流合污的高尚气节。苏轼诗中说："荷尽已无擎雨盖，菊残犹有傲霜枝。一年好景君须记，正是橙黄橘绿时。"显示了黄菊傲然开放、不畏严寒、不辞寂寞、无意进退的可贵品质等等。武威匾额常常用梅、兰、竹、菊图案，表达了对受匾人人格的真诚赞美。

（四）缠枝纹

缠枝，又名"万寿藤"，寓意吉庆。因其结构连绵不断，故又具"生生不息"之意。是以一种藤蔓卷草经提炼概括变化而成，委婉多姿，富有动感，优美生动。缠枝纹约起源于汉代，盛行于南北朝、隋唐、宋元和明清。缠枝纹以牡丹组成的称"缠枝牡丹"；以莲花、葡萄组成的称"缠枝莲"和"缠枝葡萄"；以人物和鸟兽组成的称"人物鸟兽缠枝纹"。

三、八仙、八宝纹

清代，人们善用八仙、八宝纹饰作为装饰题材。八仙纹是指道教传说中的八位神仙形象。八宝是指八仙所持的八种法器宝物，即扇子、宝剑、葫芦（或拐杖）、阴阳板、花篮、渔鼓（或道情筒）、拂尘、笛子。常被人们用来雕刻在古代建筑上，称为暗八仙纹饰。匾额中的八仙、八宝纹，主要有"八仙祝寿""八仙捧寿"等图样，表达了祈福达愿的寓意。武威匾额中"八宝纹"比较普遍。例如，悬于文昌宫桂籍殿门正上方的"万世文宗"匾额，四周阳刻"暗

八仙"八人及其法器四件;"化峻天枢"匾额内侧边框四条金色祥龙周边间隔彩绘"暗八仙"法器八个;"文昌帝君赞"匾额内侧边框镌刻并彩绘"暗八仙"法器;"德盛化神"匾额纹饰有葫芦;"天象人文"匾额图案中有芭蕉扇。这些都寓意吉祥如意,多寿多福。

四、回字纹

回字纹是指由横线和竖线褶皱组成的方形并环绕成一个"回"字状的纹饰,远看整个如一个汉字"回"的纹案。又因回字纹的弦外之音有连绵永久之意,在古代被人们附加了"富贵不断头"和祥瑞永久意思的一种纹饰。回纹在匾额中的作用是粉饰边框。回字纹构成样式多以简洁、规整和整洁来构成外部轮廓,其纯粹的造型方式也富有了坚强而盛世凌人的活力。随着所处年代的社

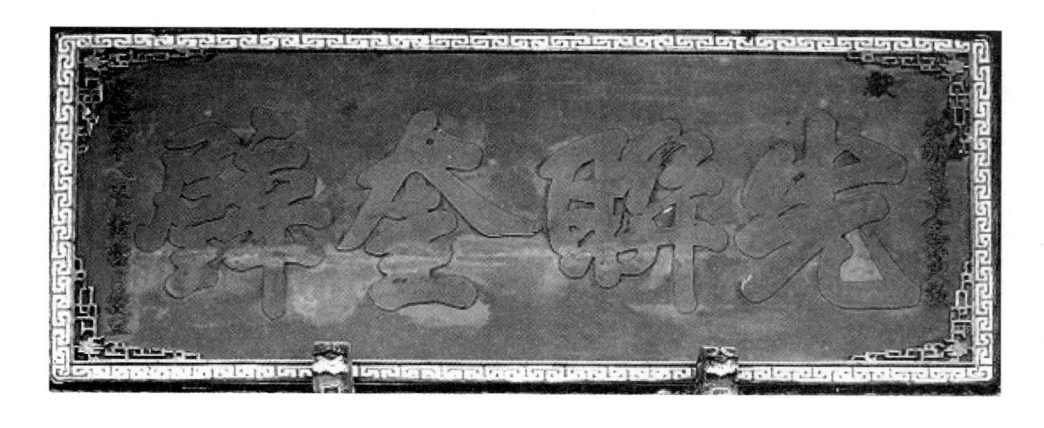

会生活和每个人的个性化特征发生变化，于是在简单结构框架上衍生出多种形式美感的回字纹，包括一笔连环形、方回单体形、减笔组合形，以及正反"S形"，呈现出了整齐划一的视觉效果。这种纹饰属于使用度较高的，能让内心的感应从原来的谨慎、稳重之感转变为灵活、生动之感。

如武威文庙匾额"光联奎壁"、李铭汉故居中匾额"赋税去烦重"的边框所木刻的回字纹，由单体的回字组成一笔连环的形式。这种形式简约大方，适合于装饰边框较窄单边框匾额。

第四节　色彩艺术

　　色彩作为我国古代建筑表达气韵的另一种方式，在古建筑构件细部起着妙笔生花的作用。牌匾大多都是用好木料木刻而成，其色彩是重要的装饰元素。中国古建筑匾额中常见的用色方案是"蓝底金字"或者"黑底金字"。底匾色选用了深幽的黑色，书法字体则采用充满希望的金黄色。同时也有"金字红底"。书法采用了光明敞亮的金黄色，而底匾的颜色多半是采用了中国文化中纯粹的赤色，反射出"开门红"的一种心理暗示。此外，还需要强调基于正常的社会伦理道德为准则的审美特征。这就要求牌匾与建筑色调多以蓝色、红色、金色为主，呈现富丽堂皇之气势。或者建筑色调呈现出原木色、黑色，多以清秀卓雅为主，具有恬淡的书香气质。自古以来，黄色和金色就代表着权威，并且仅被用作帝家颜色。在生活中，黄金主要代表昂贵的金器，其颜色类似于黄色，并具有光泽。由于黄色一直是中国传统色彩概念中的最高水平，因此金黄色成为一种高贵的色彩，并广泛用于帝家建筑。在牌匾中，无论是搭配红色还是蓝色，都可以搭配得当，并充满奢华感。红色是中国人最喜爱的颜色，象征着活力、朝气、幸福。红色具有很高的色彩饱和度与强烈的视觉冲击力，也是专用于官方建筑物的颜色。牌匾中的红色作为背景色，就具备了雄伟而沉稳，并带有警惕的作用。同时，作为字体的主要颜色，红色视觉效果鲜亮醒目。平静而宽容的蓝色与牌匾中的金色搭配时，不仅易于识别，而且生动而华丽。迄今为止，遗存下来的匾额或多或少在接受岁月洗礼的过程中，牌匾的底色在很早之前就黯淡无光了，但又让我们真实地看见原有的底色，即单调、质朴的原木色。往往在纷杂的世界寻求一份安宁，便是独爱这木质的憨厚。古往今来，越来越多的骚人墨客喜爱尽显木质的牌匾，牌匾的颜色自是越古越好。现在更多的人爱好简朴的原木质之色。如果牌匾底部的颜色为黑色，或者是深蓝色，大多不会再加上一层颜色了。这样就可以更大地保留木材的淳朴感觉，而牌匾底部若是为色较新的木料，那就需要再上一层底色。匾额中大多数是以黑色和红色为主，同时搭配的字体则样式迥异。

　　武威匾额大多数从整体上采用了单一色调作为底色，再根据字体的艺术形式采用颜色比例，不只是重视典雅复古的对比色，还看重与当地景观和装饰纹饰相协调的配色。武威匾额除了形制、材质、结构之外，色彩也给人最直接的冲击，有时候甚至可以左右人们对匾额所在建筑的直观形象。在武威匾额中，牌匾底部的颜色主要是深色，比如黑色、蓝色、赤色，题字部分则是用金漆来描绘。底匾为黑色象征着高雅、稳重，民间在牌匾颜色的上偏爱黑色或金色，形成一种统一韵律的美。

第五章 武威匾额的价值与功能

武威匾额是长期以来武威人民对我国独具特色的匾额文化进行充分吸收、继承与发展的艺术结晶。武威明清匾额存量不少、内容丰富、制作精美，集文章能手、书法大家、政治名家以及能工巧匠制作的佳品。匾额词语、字体多变，书法艺术高超，寓意深刻精妙，具有很强的启迪、金石作用。匾额匾文包含了教导、赞颂、褒奖、励志等各方面内容，不仅能够管窥一地历史，也能进一步理解某一历史时期的政治、经济、文化及风俗等博大内涵，为艺术鉴赏和地方史研究提供了丰富宝贵的实物资料，在民族传统文化艺术领域也有着极高的价值。

第一节　管窥地方历史

我国历史长河中，匾额以其多变的式样、高超的书法艺术，与雄伟壮观的建筑相互辉映，成为建筑中不可分割的部分。匾额作为一种生活艺术品，也形成了一定的惯例和表现形式。通常情况下，书写的文字较少，也无复杂的结构款式，主要是讲求适情应景、文辞精粹。题书者要求高水平的书法艺术，上款下款的书写位置得当、大小适当。同时，匾额作为一种帝王与黎民百姓共享、汉族与少数民族共有的极富民族特色的习俗，几千年来它把中国古老文化流传中的辞赋诗文、书法篆刻、建筑艺术融为一体，指点江山、评述人物，成为中华文化园地中的一朵奇葩。

匾额在两千多年的应用发展中，基本形成了两大体系。一是官方的匾额。在很长的一段时间里，只有官方在门首或其他地方题写匾额，也是一种官方的行政行为。从我国整个匾额史来看，官方匾额一直占据主导地位。大量遗存的宫殿、城池、关隘、河桥、街道、牌楼、牌坊以及石刻等均为官方所为，官方行为所出现的匾额多与治理国家密不可分。

清代凉州人张玿美编纂的《五凉考治六德集全志》，简称《五凉全志》。此书由凉庄道张之浚及凉州府大小官员共 11 人共同倡议并鉴定。该志书始修于乾隆十一年（1746 年），成书于乾隆十四年（1749 年）。包括地理志、建置志、风俗志、官师志、兵防志、人物志、文艺志等。该志书中虽言辞简略，但对当时凉州府所属武威、永昌、镇番（民勤）、古浪、平番（永登）5 县各独立成卷，进行编纂。

《五凉全志校注·镇番县志·建置志》中曾记载镇番城郭的修建和形制：

县城　明洪武时，因元季小河滩空城周围三里五分，修葺为卫。成化元年，调集凉、永官军协助本卫军夫，都指挥马昭监工，展筑西北二面三里余。新、旧周围六里二分零二十三步，高三丈一尺，厚二丈有奇。东、西、南三门，东曰"永和"，西曰"永绥"，南曰"阳武"。后飞沙拥城，嘉靖二十五年，参政张玺申呈都御史杨博，筑西关以堵风沙，系土城。都御史侯东莱奏请砖包，万历三年起，四年工竣。建城楼三、角楼四、逻铺一十有九、月城三，池深一丈五尺，阔三丈，三门俱有木桥，西城墙内户儿街穿水洞。

国朝康熙元年，参将王三华重修西门楼。今各楼皆圮，池平桥坏，砖剥落，存者十仅二三，女墙缺，水洞亦淤。西北则风拥黄沙，高于雉堞，东南则土城圮起，危似墙，惟逻铺粗有形迹耳。康熙三十年以前，军民负插搬沙，月无虚日，劳而无功。且沙以掀翻，易于漫溢，故罢其役。[①]

从这段对镇番县城的记载中，我们能够对明代洪武年间镇番卫的情况有一个基本了解。明成化元年（1465年），在元代小河滩空城的基础上，修葺为卫所，并调集凉州、永昌的官兵协助镇番卫军夫[②]修建，都指挥马昭负责监工。在新修建的城楼东、西、南三面，分别东以"永和"、西以"永绥"、南以"阳武"命名。以这些词语命名并悬饰，都有着保卫一地平安和军事管理的深意。后又因风沙围城，嘉靖二十五年（1546年），参政张玺申向都御史杨博汇报，修筑西关来堵风沙。都御史侯东莱奏请用砖来修筑城墙，万历三年（1575年）

[①]（清）张珂美总修，张克复等校注：《五凉全志校注·镇番县志》，甘肃人民出版社1999年版，第209页。

[②] 军夫：明代在兴修交通及建筑设施时，如工程量较大，常会调动附近军队参与，与民夫共同修建。军夫主要来自附近卫所、班军、京军等，有时也会调用执行其他具体任务的军士。

动工，历时一年修筑完成。形成了三座城楼、四座角楼、十九座逻铺、三座月城，修有池一丈五尺，宽三丈。三门均建有木桥。

康熙元年（1662年），参将王三华重修西门楼，如今各楼皆倾倒，仅存者只有二三。城墙的女墙也缺失，水洞淤塞。西北面则被黄沙包围，比修建的垛墙还要高。东南面的城墙则如同一个土坟堆，唯有逻铺有迹可循。康熙三十年（1691年）之前，军民搬沙清理，月无虚日，但劳而无功。加之沙石容易掀翻，易于满溢，故而修建城池的工程便也就此作罢。

从这段史料记载中，对元、明、清三朝对凉州镇番等西北边疆的管辖和管理有一个清楚的认识。与此同时，通过对镇番县县城城郭的修建，能够基本窥探作为一县之城城池的建置，包括土城、城楼、角楼、逻铺、月城、木桥、水洞、女墙等设施。在该段文字记载中，还出现了大量的官职和人名。这不仅可以通过城楼的所悬匾额窥探明清镇番的发展历史，也使得我们对明清地方官制的沿革有更加清晰的认识。

《五凉全志校注·镇番县志·学校志》中曾对清代镇番县庙门坊的修建进行记述：

> 庙门坊　康熙三十八年，邑绅袊孙克恭、李从政等，以庙门卑隘，重建牌坊，即以为门。东西为黉门，门外下马石二。东"赞扶元化"，西"开辟文明"坊。

该条史料记载了康熙三十八年（1699年），镇番县的乡绅孙克恭、李从政等人，因庙门较为狭隘，便重建牌坊。以此作为孔庙的门，东西向的作为学校的校门，门外修有下马石两块。东侧为"赞扶元化"、西侧为"开辟文明"两块匾额。

"赞扶元化"的意思大致是，希望孔庙中培育出的莘莘学子能够辅佐帝王，为天地立心。

"开辟文明"旨在期望该地,能够培养更多的有识之士,撰写出更多有文采的文章,以此来教化百姓、开辟新的天地。

倡修者孙克恭,为康熙己酉年(1669年)举人,后因军功授任知县,著有《南征草》《西归吟》。李从政其人并未有过多史料记载。从该段史料记载中,可以窥探出清代地方政府对儒学教育的重视,与此同时也能够反映出镇番县孔庙发展的基本概貌。

在《五凉全志校注·古浪县志·人物志》记载曾有1人受赠匾额的旌表:

> 毛忠 字允诚,扒里扒沙人。明初大父自武威归附,至忠屡立奇功,历升伯爵。成化戊子,固原土达满四叛,命忠往讨与炮架山,与其孙铠,奋勇力战,矢尽俱死,阅宏(弘)治乙卯,孝宗追录公勋,建祠甘州,赐额"武勇",春秋致祭。又建忠义坊。

毛忠,字允诚,祖籍为扒里扒沙(今古浪大靖)人。明代初年,随其父在武威归附。毛忠屡建奇功,升任伯爵。成化四年(1468年),固原满四反叛,朝廷命令毛忠于炮架山征讨满四。毛忠与其孙毛铠,奋勇杀敌,两人均战死沙场。弘治八年(1495年),明孝宗追录公训,于甘州建祠,并赠"武勇"之匾,春秋祭拜。后又修建忠义坊,以此怀念毛忠的忠勇。

通过"武勇"这一匾额的旌表,能够窥探这一历史事件发生的时代背景。该事件发生在明英宗朱祁镇、明景帝朱祁钰时期。这段时间,明朝国力逐渐开始走向下坡路,北方蒙古诸多游牧民族开始逐渐南下,侵犯明朝西北边地。毛忠率孙及侄子奋勇杀敌,最终英勇战死沙场。明代永昌卫也是汉土杂居,武官中也有毛忠等土军出身的人。明代所建立的永昌卫,也是名副其实的"军事卫所",各地连成一线,相互守卫,为之后陕西行都司的形成奠定了基础。

第二节　教化思想道德

《五凉全志校注·武威县志·人物志》中记载有2人，受赠匾额的旌表。分别是：

> 唐柏，年十四，其祖母王氏疾，医药不效，柏暗割左臂肉一片，饲之，疾果愈。后刀伤暴发始知。乡邻报明各宪，给"孙贤俗美"额以旌。

> 朱集秀，字得天，性孝友，其事父母，备极色养。父患痰疾，母患湿症，集秀事汤药，日夜扶持不少懈。父母同月卒，集秀不茹饮荤酒，朝夕造墓布奠，虽遇风雨无间也。服阕，又继以三年，所服衰衣色如墨，而补缀殆遍矣。乡里学校举孝廉，集秀固辞，乃赠"顺德堪饮"额，待旌。

其一是一个叫唐柏的少年，因祖母王氏久病不愈，于是唐柏悄悄地将自己的一片肉割下，熬汤给祖母喝，祖母也逐渐好转。后来因刀伤复发，乡邻便将这一事迹报告给各宪，于是嘉奖给一块"孙贤俗美"的匾额，用来表彰唐柏的一片孝心。

其二是朱集秀其父身患痰疾、其母身患湿症，朱集秀小心侍奉双亲汤药，长久坚持不息。后父母双亲同月去世，朱集秀不食荤腥、不沾酒水，早晚都准备好祭奠父母亲的祭品，有时遇到风雨也未曾停歇。三年服丧期满又服丧三年，身上的白色丧服都变成如墨色一般，缝补痕迹也遍布全身。乡里学校将其推举为"孝廉"，朱集秀推辞，于是赠"顺德堪饮"匾额。

在《五凉全志校注·镇番县志·人物志》中记载有 1 人，受赠匾额的旌表。

> 姜兆璜，字履侯，又字履封。父缙，学问醇博，届贡，殁。璜事继母最孝，友爱少弟，没身不衰。当道慕其文行，璜从不通刺。年四十九，届贡，殁，与父若出一辙。子钟湄亦以廪中年殁。三世同厄，人共惜焉。康熙六十年，学宪以"孝友遗芳"旌之。

姜兆璜的父亲姜缙，学问广博，只考到那一届的贡生。其父去世之后，姜兆璜孝养继母，与弟友爱，并长期奉行不衰。当时的官吏十分仰慕姜兆璜的文章和德行，但姜兆璜却从不接受任何外来来访者的延见。时年 49 岁，也只考到那一届的贡生，因病去世。与其父如出一辙。姜兆璜其子姜钟湄也只成为廪生，便中年过世，三代遭遇相同噩耗，大家都十分可惜他们的遭遇。康熙六十年（1721 年），镇番学宪赠"孝友遗芳"匾，以此来表彰姜氏三世的对父母孝顺、对兄弟友爱的处世之法。

在《五凉全志校注·永昌县志·人物志》中记载曾有 2 人，受赠匾额的旌表，分别是：

> 陈洪业　邑监生。乐善好施，济困扶危。乾隆四年，郡守以"义重乡邦，惠周邻里"旌之。
>
> 赵士学　邑国学生。性仁厚，欠岁，常抒粟赈济。乾隆五年，郡守以"周急"匾其门。

其一，陈洪业是县里送到国子监读书的学生，因乐善好施、济困扶贫的美德，乾隆四年（1739 年），郡守以"义重乡邦，惠周邻里"旌表。

其二，赵士学为县里在国子监读书的学生，性格宽厚，遇到收成不好的年份就拿粮食出来进行赈灾。乾隆五年（1740 年），郡守旌表"周急"匾额。

在《五凉全志校注·平番县志·人物志》记载曾有2人，受赠匾额的旌表，分别是：

> 明　鲁鉴　袭指挥同知。屡平剧贼，成化间，重修本卫儒学，以军功历任延绥镇左都督将军。隆庆赐坊旌之曰："世笃忠贞。"
>
> 国朝　李可珠　字采天。学术正大，厚同气笃。宗党以礼法自绳。德器粹然，故贤者悦其德，不肖者服其化。兵备道苏霖以"文行兼优"旌之。

其一，明代鲁鉴，为指挥同知①，多次平定反叛。成化年间，倡导重修了镇番卫的儒学，后因军功历任延绥镇左都督将军。隆庆年间旌表"世笃忠贞"匾。

其二，乾隆年间李可珠，字采天。因其品行端正、学问很深，对待同胞兄弟也非常宽厚仁德，乡党也以礼法约束自己。李可珠的道德修养和才识度量十分正派，因此贤能者对他心悦诚服，品行不端正的也服从他。兵备道苏霖旌表"文行兼优"，以此来称赞他的品行。

从《五凉全志校注》一书中所记载的史料可以看出，明清时期，为了更好地教化百姓、强化统治，由此形成良好的社会风尚。主要是从以下几个方面进行旌表：一是对孝顺双亲、友爱兄弟进行赠匾旌表，如武威县唐柏的"孙贤俗美"匾、朱集秀的"顺德堪饮"匾、镇番县的姜兆璜的"孝友遗芳"匾等。二是对忠勇之士进行赠匾旌表，如镇番县毛忠的"武勇"匾、平番县鲁鉴的"世笃忠贞"匾等。三是对济困扶危、帮助邻里的人进行赠匾旌表，如永昌县的陈洪业的"义重乡邦，惠周邻里"匾、赵士学的"周急"匾。四是对品行端正、学识

---

① 指挥同知，明朝各卫的副长官，各2人，从三品，与指挥使、佥事同掌卫事，多为世袭。掌管所属土兵事务。

渊博之人进行赠匾旌表，如平番县的李可珠的"文行兼优"匾。通过这些匾额的记载，不仅能够看出明清时在地方治理时运用传统文化的时代印记，也能够看出在这一历史时期的价值导向。

第三节　提升审美体验

匾额与每个人的文化生活息息相关、密不可分，与建筑、民俗、文学、艺术、书法相结合，深入到社会生活的各个方面，其写景状物、言表抒情，寓意深邃，具有极大的文学艺术感染力。悬于宅门则端庄文雅，挂在厅堂则蓬荜生辉，装点名声则古色古香，描绘江山则江山增色。虽片辞数语着墨不多，望之却蔚为大观，令人肃然起敬。

匾额的制作流程是民间综合性技艺的展示，它历经长期的积累与演变，形成了融词赋诗文、书法雕刻、绘画篆印等多种艺术形式于一身的特色，是中国文辞之美与工艺之美的集大成者。一块优秀的匾额不仅可以令人欣赏到凝练而传神的题词，而且完美地再现了书法家俊逸的书法，同时还雕琢出细致精美图案系列，是语言艺术、书法艺术、绘画雕刻艺术的三度审美，具有极高的艺术价值、文化价值、社会价值和历史价值。

武威文庙桂籍殿文昌宫的大卷棚下，悬挂着44块精美绝伦，引人注目的大匾。是河西地区保存最完整、规模最大、价值最高的。这些匾额，不应是冷冰冰的文物，在它木质沧桑的身躯上，承载着中华民族文学、书法、绘画、雕刻、篆刻、漆艺与装饰等，是时人了解当时凉州社会生活、书法艺术、精神境界和文化背景的一面镜子，对于增进清代河西科举制度研究、书院儒学传播、家学文化传承等，推进凉州文化课题研究、文旅融合发展、文化旅游名市建设等都有重要价值。

从匾额的制作材质来说，大致可分为木刻匾额、石刻匾额和铜制匾额等。目前留存下来的匾额大多为木质，也是比较常见的匾。究其原因，一方面是由于木刻匾文更能体现题篆刻者的书法功力，木质比石头、金属材质轻巧美观，而且伴有古色古香的气息，更能彰显文化底蕴。再者，铜制不常见，也是因为古代奉行"盐铁官营"的政策，民间不得私自铸造金属。武威文庙中的藏匾，都是木质的。

从匾的外观形制来看，匾又分为横幅、竖幅。这是随着古代建筑构件斗拱的变化而变化的。在唐宋以前，斗拱结构宏大，自元、明以后，斗拱所占的比例逐渐缩小。早期的匾有竖匾，晚期的匾多为横式，呈长方形，尺寸依门面大小而定，挂在门的上方或是屋檐下，也有悬挂于正殿上方的。现存武威文庙中的这些匾，都是横式的。

从匾身的结构上分析，四字匾额都是由"匾文＋款识"组成，款识中也采用通常的上下款，即"上款＋匾文＋下款"的格式，而且上、下款识中单款居多。但也有例外，如乾隆四年（1739年）的"司文章命"匾，上款就是双款，有匾文的撰者凉州府水利屯田通判傅树崇，还有匾的书写者凉州府武威知县王守曾；光绪十年（1884年）的"贵相太常"匾，上款是双款，有立匾时间，还有叩献者乡国学弟子；民国二十八年（1939年）"文教开宗"匾，上款也是既有立匾时间，也有立匾者的双款。乾隆十一年（1746年）"文明长昼"匾，下款有书写者曾国杰，有立匾吉日；乾隆二十二年（1757年）"阴隰下民"匾，下款有书写者康伯臣，也有立匾日期；民国二十一年（1932年）"为斯文宰"匾，下款有敬叩者，也有书写者，都是双款。这些四字匾中，立匾吉日有的在上款，有的立匾吉日在下款，基本上各自占了一半。

武威文庙匾额的书法飘逸潇洒，雄健俊美。匾额上的文字和印章精雕细镂，显现出高超的技艺。书体以正楷行书题写者最多，也有隶、篆诸体，表现出形式美、章法美、传统文化的价值美；匾框的纹饰，或浮雕，或透雕，图案华美，都是达官显贵、饱学鸿儒、地方名流、名师学子匠心独运的杰作。字的大小疏密适当，体现明显的书法意味，典出辞赋诗文、书法镌刻和周边建筑融为一体。

第六章　武威匾额的保护、传承与利用

武威匾额文化作为凉州文化的重要组成部分，具有鲜明的地域性和广泛的实用性。从艺术表现形式看，武威匾额无论是其书法、制作、雕刻技艺，还是油饰、彩画工艺，都属于非物质文化遗产保护传承的范畴。传承利用、创新发展武威匾额有着十分重要的文化意义和宝贵的当代价值。

第一节　武威匾额的保护

基于匾额文化重大的历史文化价值和属性，近年来，武威市以建设文化旅游名市为主题，积极贯彻落实《历史文化名城名镇名村保护条例》，全面实施历史文化名城保护工作，并深入结合武威历史文化发展情况对《武威历史城区文物保护规划》进行了编制。以武威文庙、亥母寺、天梯山石窟、长城等为主，确立了一批文物重点保护开发项目。尤其是其中关于加快文庙油饰彩画修缮工程的实施，更是对文庙匾额文化的保护提供了极大的支持，为匾额文化魅力的再次绽放奠定了坚实的基础。

2023年实施了武威文庙数字化保护利用项目，主要对武威文庙建筑群文物建筑、组成其格局的非文物建设及附属文物进行数字化保护，主要通过对武威文庙古建筑群及附属文物、周边环境进行数字化信息采集；对武威文庙进行数字化信息管理；建立武威文庙数字化内容线上展示平台，通过安装数字化产品实体展示，实现武威文庙匾额的交互展示利用。该项目的落地实施，对武威文庙匾额的保护取得了实质性的进展。

目前，尽管对于武威匾额进行了一些抢救性的保护措施，并在弘扬匾额文化工作中取得了一些成绩，但仍然没有从根本上解决目前武威匾额文化中所存在的问题。为进一步促进武威匾额文化的保护、传承，就需要我们继续加大对武威匾额文化弘扬、发展现状的研究，结合不同时期的新问题、新情况，对其进行持续性的关注，以此来确保武威匾额文化的深入地保护、开发、利用。

第二节　武威匾额的传承利用

匾额文化是极具中国特色的传统文化，是祖先留给后世子孙的艺术财富，属于我国优秀传统文化的重要组成部分。习近平总书记曾指出："要加强对中华优秀传统文化的发掘和阐发。"2017年，中共中央办公厅、国务院办公厅印发了《关于实施中华优秀传统文化传承发展工程的意见》。这些都为我们加强匾额文化资源的发掘与保护工作增强了信心、指明了未来工作的重点。开展武威匾额资源的挖掘、保护、弘扬，将为建设和谐武威提供更加强大的精神动力支持。

凉州文运亨通，地理优势显著，造就了一个既异常封闭又能极度包容的文化。一是显文化，除成为敦煌学主要来源的那部分外，还有许多以手抄本形式流传下来的古籍，其完整，其原始，其价值，不在敦煌出土的之下，有的完整程度，似乎超过了出土古籍。出土古籍中有的，这儿大多有相应抄本，而许多东西，却是凉州独有，如贤孝、宝卷等。二是隐文化，如民俗风情、民众心态、人们的群体性格等。时下，最应该研究的，正是后者。

余秋雨在《何谓文化》中说，任何文化的生命力都在于创新，怀古容易滋生文化的耗损机制，耗损了文化的活力，浪费了文化的资源，故只有创新的建设机制才能强于惰性耗损。匾额发展文化生态资源生产力作用在于创新。曾经遍布城乡的匾额文化，基本淡出民众日常生活，也因此影响到了整个匾额文化的存续。更重要的是，匾额活态文化生产力主体资源的开发不足，影响了匾额文化的创新。

一、武威匾额研究保护利用存在的问题

近年来，武威市凉州文化研究院通过开展全国性武威匾额文化研究征文，

组织专门研究力量对武威文庙及其他重点匾额进行了专题研究，推出了一大批有深度、有分量的理论文章，出版了多期匾额文化专辑，对武威匾额，尤其是文庙匾额进行了深入研究，取得了一些喜人成绩。但是，与武威匾额所蕴含的丰富内容和重要价值而言，挖掘研究的深度广度还不够，保护利用方面还存在诸多短板。

（一）保护修复不佳，文化元素提炼不够

目前，武威文庙桂籍殿的原匾额已经收藏至武威市博物馆，但匾额历经两百多年的岁月洗礼，都不同程度地出现了表面龟裂掉皮等病象。同时，文庙匾额涉及书法、绘画、雕刻、文学、设计等诸多领域，提炼其核心价值和文化元素，并应用于日常生活的意识还不足。

（二）成果转化进展不快，重要作用发挥不足

匾额作为古建筑的灵魂，先人留给我们的宝贵财富，加大投入开发文创产品，让冰冷的文物走进群众，满足群众日益增长的精神文化需求方面做的不够。同时，历史上的匾额承担着教育化人的重要作用，新时代匾额如何继续传承发挥好这一作用，更好地服务经济社会高质量发展方面实践推动不够。匾额在宣传推介武威文化，坚定文化自信，弘扬中华优秀传统文化方面还有差距。

（三）宣传不够到位，品牌还未形成

没有用群众喜闻乐见的形式、通俗易懂的语言讲好匾额背后的故事。宣传内容形式单一，没有用互联网思维整体谋划匾额的宣传，抖音、快手等新媒体宣传跟进不到位。武威文庙匾额，还没有形成武威文庙乃至武威市的一张靓丽文化品牌和精神符号。

二、武威文庙匾额保护开发利用的路径

近年来，武威提出打造文化旅游名市的战略目标，依托项目建设加大文化旅游景区景点建设，提升武威文化旅游的丰裕度。同时，着力加强文化研究工作，挖掘武威厚重文化的内涵和外延，扩大武威文化的影响力，提高武威的知

名度，使武威文旅工作成为经济社会高质量发展的新增长点。尤其是在武威文庙保护利用方面，以项目为牵引，依托武威历史文化街区项目，优化景区周边环境和业态。实施武威文庙儒学院遗址区基础设施提升改造项目，为武威文庙弘扬传承中华优秀传统文化奠定了可持续发展良好基础，为文庙匾额保护利用、弘扬传承提供了难得的历史机遇。

（一）保护珍贵匾额遗产

匾额作为思想、制度、艺术、文化的集大成者，作为特殊的木质档案，作为主流文化的传播媒介，几千年来已经成为中华优秀传统文化传承的重要或有效载体。武威经过千年的文化积淀与多民族文化的融合碰撞，形成了独特的地域文化。尺寸不一、大小不同、色彩斑斓、内涵丰富的匾额，展示着武威厚重、博大、源远流长的文化世界，是武威多元文化的缩影。

1. 加大匾额遗产研究，挖掘匾额内涵价值

崇文重教、勤奋读书、诗书传家、精益求精是武威匾额的基本精神特质。要结合新时代武威精神，阐释其精神内涵，彰显其地域特色，在不断总结提炼中形成武威特色的匾额文化和匾额精神。要结合明清及民国时期的历史时空、经济社会发展状况，研究其蕴含的时代价值，突出"书城不夜"的浓厚学风研究、科举制度研究、儒学及其书院研究、高超的雕刻手艺与精益求精的工匠精神、文人墨客精湛的书法艺术与当代的传承弘扬等方面研究。要围绕匾额语句经典，把匾文上下款内容挖深、讲准、讲透，做到一匾一详解。要挖掘每块匾额的当时场景，揭示献匾过程中的趣闻轶事，匾额背后的事实真相等。同时，要加大匾额文化价值的转化研究，继承和弘扬好老祖宗留给我们的丰厚遗产。解读一块匾额，其核心是把匾文、上下款内容讲透、讲准。其次，匾上的印章、尺寸、边框及底漆工艺、图案、木质都应解出来，应该硬碰硬，不能避实就虚。此外，题匾人的事迹或匾额本身的故事，也应适当铺陈，看用途需要，再酌情裁剪篇幅。同时，系统整理《武威县志》等文献中题匾、献匾的资料，让书中的匾和挂着的匾形成完美呼应。积极打造武威匾额"文化名片"。

结合武威历史文化街区建设，打造武威匾额长廊或者武威匾额博物馆，陈列展出武威现存的精品匾额。同时，将匾额文化纳入到有关部门工作重点实施项目当中，制定相关工作规划，积极构建内容完备的匾额文化挖掘、保护、评价、利用体系。

2.建设匾额博物馆，展示武威经典文化

武威自古崇文尚德，自匈奴筑姑臧城始，历经汉、唐、明、清，尤为五凉、唐时，武威城曾散发过耀眼光泽。匾额作为一座城市的标签，历史上的武威匾额以其数量多、书法美、历史久为世人称道。尽管，武威好多珍贵匾额已经湮没在历史的长河中，但是从全国来看，武威仍是古匾大市。尤其，武威文庙桂籍殿的匾额特色明显，社会影响巨大。有必要对武威匾额进行集中整理收集展示，在武威历史文化街区文庙周边，建设武威匾额博物馆和匾额数字博物馆，将收藏在市博物馆的文庙等处原匾、散落在其他景区景点的匾额以及散落在民间的匾额进行集中收集。在匾额博物馆进行统一修复保护展示，进一步丰富武威历史文化街区业态，展示武威丰厚的文化底蕴。

3.加强匾额保护修复，确保匾额永世流传

武威匾额受自然环境、经济社会发展等多种因素影响，多为木质匾额。这些匾额随着沧桑岁月的洗礼，均不同程度地出现了病相，需要采取现代文物修复手段加以修复性保护，确保匾额永久保存。首先，改善保存条件，根据木器文物特点，在不改变其原始保存大环境的前提下，改善保存环境的温度、湿度、通风等，使匾额在相对稳定的环境下保存。其次，对匾额进行除尘处理和涂尘保护，先大概后细微，先背板后正面，先泥团后面团等除尘法，为匾额"清肺减负"。要对匾额背面和四周边缘未被彩绘、裸露的区域进行涂尘，为匾额"涂脂抹粉"。同时，要尽量延长原有彩绘的维修周期，减少对匾额在修复中的损坏，使其尽可能保持原貌。最后，要建立检测和管理档案，针对每一块匾额制定中长期保护规划和科学完善的维修养护方案，从根本上解决匾额的保护管理问题。

（二）加快匾额活化利用

以文庙匾额为代表的武威匾额历史厚重、内涵丰富，可谓价值连城。如何让这些"养在深闺人未识"的国宝古为今用、活化利用，使祖先留给我们的丰厚遗产转换为现实生产力，并更好地服务经济社会发展，更好地走进现代人的工作、生活、学习，提升人文品位，进一步坚定文化自信，需要我们认真思考，破题解决。

1.提炼匾额文化元素，提升文旅项目品质

武威匾额作为传统建筑的特殊符号，每寸每尺中都渗透着中华五千年灿烂文化的因子，每毫米每厘米都反映着古人的生活、追求和认知。小匾额，大学问，它是古人聪明智慧的结晶。要加大对武威匾额的创造性转化、创新性发展，组织专门力量，对匾额中的诗书、绘画、纹饰、色彩、雕刻工艺等元素进行研究提炼，广泛应用于现代建筑，增强武威历史文化名城的厚重感。近年来，武威加快文化旅游名市建设，在实施的武威雷台旅游综合体项目、历史文化街区建设项目等重大文旅项目中，注重以匾额为代表的传统文化元素的提炼和植入，使以匾额为代表的传统文化在武威得以传承、弘扬。

2.开发匾额文创产品，丰富来武游客必购

文化要赋能文旅，让收藏在博物馆的冰冷文物有温度、有热度，就要做好转化利用。武威匾额作为武威经典文化，要通过政府扶持、市场撬动的形式，将武威匾额作为武威文创的首选进行重点扶持研究开发。产品在注重价值和使用价值的同时，着重发现和提炼武威匾额最具特色的文化元素、符号、印记，用现代创意设计和营销推广手段把优秀的匾额文化资源转换为可以带回家的博物馆、美术馆、图书馆。具体来说，可将提炼的匾额文化元素植入文教用品（匾额元素铅笔盒、橡皮、书签等），植入丝织品（匾额文化衫、匾额丝巾等），植入玩具（匾额拼图等），植入工艺品（木质匾额、铜质匾额等），植入图书（武威匾额故事、武威匾额书法临摹等）等，创作出丰富多彩且具有灵性的产品，抓住国风新潮流"使静态的文化活起来"，使武威匾额文创成为传播优秀传统文化的一个重要途径。

3.传承弘扬匾额技艺，强化研学旅游互动

现代旅游更加注重游客的参与和互动，更加注重沉浸式体验带来的快乐。武威文庙匾额的根脉在文庙、灵气在文庙。要结合匾额的教化功能、历史功能，立足现代研学旅游，在武威文庙开发匾额文旅产品，让沉睡在文庙的匾额灵动起来。首先编导匾额故事。目前，武威文庙开展了"成人礼""开笔礼""祭孔礼"等研学活动，社会反响较大较好，要进一步丰富研学旅游产品，供游客互动体验。可依据匾额中的落款时间，精选12块匾额，每月选取一块匾额，编导献匾场景，让研学的游客着当时的服饰，在桂籍殿前献匾，解读匾额内容。让游客穿越时空，感受"书城不夜"银武威。其次，可依托现在正在实施的武威文庙儒学院遗址区基础设施提升改造项目，开发研学产品。比如，可临摹匾额书法，雕刻文庙匾额，在复制品上拓印匾额，也可通过转换材质，让游客自制匾额。同时，还可以设置匾额文化公开课，讲授匾额知识，制作古匾拓片和复制古匾走进校园巡展，也可通过AI（人工智能）、VR（虚拟现实技术）等形式观看和感受匾额制作、献匾场景等，让游客零距离接触匾额，感受传统文化的魅力。

（三）讲好匾额故事

匾额是一部活的古代百科全书。每一块匾额在内容、设计、书写、篆刻、献匾等过程中，无不蕴含着古人的思想和智慧。我们要从中汲取养分，讲好匾额故事，传承匾额文化，打造匾额品牌。

1.挖掘匾额故事

匾额形制虽小，却包蕴丰饶，涉及建筑、设计、美学、历史等诸多学科。要组织专门力量，立足武威文庙匾额，翻典籍，查史书，重考证，搞清楚、弄明白每一块匾额的内容确立、题匾过程、献匾经历、献匾意愿等匾额背后的故事。提炼加工为简短精致、通俗易懂的匾额故事书、匾额连环画和匾额实景演出等，普及匾额文化。

2.打造匾额品牌

武威文庙匾额是目前河西地区保存最完整、规模最大、价值最高的一批匾额，堪称全国文庙一绝。要树立责任意识、品牌意识，进一步挖掘研究，积极活化利用，千方百计讲好匾额故事，让匾额成为武威文化的靓丽名片。

3.提升宣传效果

创新宣传的内容、形式和载体，既要用传统媒体加大匾额的新闻宣传，更要注重应用新媒体，通过短视频等群众喜闻乐见、易于接受的传播方式，宣传和推介好武威匾额，使武威匾额家喻户晓。

后　记

匾额文化是中国代表性传统文化之一，蕴含着丰富的文化内涵和价值，发掘、传承和创新匾额文化是弘扬中国优秀传统文化、赓续历史文脉、建设文化强国的重要途径。武威匾额极富地方特色，是反映武威深厚历史文化底蕴的重要载体，《武威匾额述略》也因此成为《凉州文化丛书》（第一辑）之一，终于付样出版。

将"武威匾额"确定为研究内容后，我们收集整理了大量关于匾额的文献资料，并在武威市凉州文化研究院、甘肃省社会科学院、武威市博物馆、武威市西夏博物馆等众多同仁的启发与帮助下，对本书的体例、内容、风格进行了认真的思考和讨论。这期间，我们实地探访凉州区、古浪县、民勤县等地考察调研各处古迹，获取了大量匾额资料并拍摄了诸多匾额图片，极大丰富了本书的内容。

因武威匾额数量众多且在三县一区均有分布，一方面提供了众多的匾额资料，另一方面也使全面掌握、实地考察这些匾额遗迹具有较大难度，再加之该书作为《凉州文化丛书》（第一辑）之一，需要符合整体丛书进度，因此该书的撰写，对我们二人来说，确实是一项非常艰巨的任务。回顾整个写作过程，我们经历了图书定位、体例确定、资料搜集的困惑和艰辛，也经历了考证繁杂、梳理困难、无从下笔的迷茫，经过不断地交流、切磋、打磨、调整，最终我们完成了写作任务。

本书由甘肃省社会科学院的宋晓琴和武威市凉州文化研究院的杨琴琴两位作者合作完成。按照丛书课题组的要求和分工，宋晓琴负责本书的框架设定和内容安排，具体承担第一、四章内容的写作共完了八万多字。杨琴琴完成了第

二、三、五、六章的写作，撰写的字数超过了十万字。全书的统稿和校对修改工作由两人共同完成。

在此，衷心感谢中国社会科学院古代史研究所古代通史研究室主任赵现海研究员、西北师范大学传媒学院院长徐兆寿教授、甘肃省社会科学院的刘敏研究员等多位专家在丛书编写推进工作会上对本书进行的指导和评审。特别感谢甘肃省社会科学院决策咨询研究所所长魏学宏研究员和武威市凉州文化研究院院长张国才副研究员，他们在书稿的框架设计和内容撰写方面提供了诸多指导，给予了我们很多支持和鼓励。诚挚感谢王其英、黎大祥、程对山等专家学者，他们对书稿进行了仔细审阅，并提出了宝贵的修改建议。尤其感谢甘肃省作家协会副主席、武威市文联二级调研员李学辉老师，在百忙之中为本书作序，对我们而言是一种莫大的荣幸和鼓舞。最后，更要感谢读者出版社的漆晓勤老师，他严谨、专业、高效的工作方式保证了本书如期出版。

因武威匾额涉及的内容范围广泛，加之时间紧迫，资料掌握有限，也因编者能力有限，书中的内容必然存在疏漏和欠缺，诚请各位读者不吝赐教，帮助我们持续改进武威匾额研究工作。

宋晓琴　杨琴琴

2023年10月

总后记

　　武威，物华天宝，人杰地灵。寻访武威大地，颇感中华文明光辉璀璨，绵延传承。考古资料表明，在新石器时代，武威一带已经成为先民生息繁衍的重要地区。汉武帝时开辟河西四郡，武威郡成为河西走廊政治、经济、文化、军事之要地。东汉、三国、西晋时为凉州治所。东晋十六国时，前凉、后凉、南凉、北凉和隋末的大凉政权先后在此建都。唐朝时曾为凉州节度使治所，一度成为中国西北仅次于长安的通都大邑。"凉州七里十万家""人烟扑地桑柘稠"，其盛况可见一斑。宋元明清以来，凉州文化传承不辍。

　　在历史演进过程中，凉州成为了中原王朝经营西域的战略要地。农耕文明与游牧文明、中西方文化、多民族文化在这里交汇融合，形成了在中国文化史上占有重要地位的凉州文化。就历史文化的整体价值和综合影响而言，凉州文化已超越了今天武威这个地理范畴，不再是简单的区域性文化，而是吸纳传导东西方文明重要成果的枢纽型文化，是中华文化的重要组成部分。

　　凉州文化是多民族多元文化互相碰撞而诞生的美丽火花，其独特性是武威历史文化遗产中最有价值、最具魅力之处，也是具有文化辨识度的"甘肃标识"的特有文化，值得更系统、更深入地研究。特别是在新时代，对其进行更深层次的文化挖掘和意义阐释具有重要的现实意义。基于此，甘肃省社会科学院和武威市凉州文化研究院组织跨学科、跨地域的团队撰著了《凉州文化丛书》（第一辑），以期通过历史、文学、生态、长城、匾额、教育、人口等方面的研究，对厚重的凉州文化加以梳理，采撷其粹，赓续文脉，以文化人，为文化旅游名市建设增添文化智慧内涵。

　　《凉州文化丛书》（第一辑）由甘肃省社会科学院和武威市凉州文化研究院

共同商定，确定为2023年院重点课题。我和张国才、席晓喆同志组织实施，汇集两家单位的二十位学者组成团队开展研讨写作。丛书共包括《武威地名的历史传承与文化内涵演变》《古诗词中的凉州》《汉代武威的历史文化》《武威长城两千年》《武威吐谷浑文化的历史书写》《清代凉州府儒学教育研究》《武威匾额述略》《清代学人笔下的河西走廊》《河西历代人口变迁与影响》《河西生态变迁与生态文化演进》十本著作，每一本书的书名、内容框架，都是广集各个方面建议，多次召开编委会讨论研究确定下来的。因此，每本书的书名都具有鲜明的个性，高度概括了凉州特色文化的人文特点和地理风貌。丛书共计一百八十余万字，百余幅图片，主题鲜明，既做到了突出重点、彰显特色、求真务实，又做到了简洁流畅、雅俗共赏，是一套比较全面研究凉州特色文化的大型丛书。

丛书选取武威具有代表性的特色文化或尚未挖掘出的文化元素，进行深度挖掘、系统整理和专题研究，在撰写过程中，组织开展了十多次考察调研、研讨交流活动，每一本书的作者结合各自研究的内容，不仅梳理了凉州特色文化的理论研究，关注了凉州文化的传承与发展现实，还对凉州特色文化承载的丰富内涵和历史进行了深入的探讨，展示了凉州文化融入当代生活的现状，以及凉州文化推动武威特色旅游产业的途径。不难看出，凉州文化为我们深入了解武威提供了丰富的样本，其多样性、包容性、创新性、地域性等特点无疑是武威城市文化的地标、经济财富的源头、文化交流的名片。

文字与图像结合是叙事最基本、最重要的手段，其中图像的运用为我们了解世界构建了一个形象的思维模式，有助于我们更为深刻地认识世界。为了更好地展现凉州文化，丛书在文字的基础上通过大量的实物图像展示了凉州文化丰富多彩的形态。这些图片闪耀着独特而绚丽的光彩，也为我们解读了凉州文化背后不同的人文故事。同时，每一位作者在撰述中对引证的材料都作了较为翔实的注释，一方面力求言之有据、持之有故，另一方面也表达出对前贤时哲研究成果的尊重。

丛书挖掘整理了凉州文化中一些特色文化，对于深入研究凉州文化来讲，这是一种新的尝试。最初这套丛书的定位是具有较高品位的地方历史文化普及读物和对外宣传读本，要求以史料为基础，内容真实性与文字可读性相统一，展现武威博大精深的历史文化内涵和魅力，帮助广大读者更全面地认识、更深入地了解凉州文化元素，推动凉州文化的弘扬传承，实现优秀文化传承的主流价值引导和思想引领。经过一年多的努力，丛书顺利完成撰写，这本身是一件很有意义的事情。同时需要诚恳说明的是，这套丛书是一项综合性的跨学科的研究，涉及很多方面的知识，虽经多方努力，但因史料匮乏、资料收集不足。作者学力限制，作为主编者心有余而力不足，很多内容的研究论证尚欠丰厚。希望能够通过这套丛书引发人们对凉州文化更多的关注和思考，探索更多的研究方向，也就算实现了我们美好的愿望。此外，整个丛书撰写过程确实是时间紧、任务重，难免有错谬之处，敬请读者不吝赐教，我们不胜感激。

在这套书的论证和撰写中，中国社会科学院古代史研究所卜宪群所长及戴卫红、赵现海研究员，浙江大学历史学院冯培红教授，甘肃省社会科学院刘敏先生，西北师范大学传媒学院院长徐兆寿教授等领导、专家给予了很多建议，为书稿的顺利完成创造了条件。西北师范大学副校长、教授田澍先生百忙之中为丛书撰写了总序言，武威市凉州文化研究院的张国才院长及其他同仁对丛书的编撰勤勉竭力、积极工作、无私奉献，我在这里一并表示感谢。

《凉州文化丛书》（第一辑）编委会

魏学宏

2023 年 10 月

魏学宏，甘肃省社会科学院决策咨询研究所所长、研究员。先后发表学术论文 50 多篇，出版专著 2 部，主持完成国家社会科学基金项目、甘肃省哲学社会科学项目及省市县委托项目 10 余项。